高等院校网络教育精品教材

经济数学基础

主　编　李向明
副主编　杨丽华　苏　静

北京邮电大学出版社
www.buptpress.com

内 容 简 介

本教材出发点是为满足高等院校继续教育经济管理类专业本科生学习的需要,着眼于远程教育的特点及教学的需求,以适用、够用为原则,在教材内容的设置上简化定理的推导和证明,强化其具体应用,并突出数学在经济分析中的应用,同时配合大量的实例分析,使学习过程有趣、实用。本书作为远程教学的教材后期将配置网络教学课件,辅以视频、音频和习题自测等资源。

本教材内容主要包括平面曲线、方程、函数、导数、微分与积分,以及上述知识在经济分析中的具体应用,每章节都配备节练习或章习题并附答案。

图书在版编目(CIP)数据

经济数学基础 / 李向明主编. -- 北京:北京邮电大学出版社,2020.9
ISBN 978-7-5635-6216-9

Ⅰ.①经… Ⅱ.①李… Ⅲ.①经济数学—高等学校—教材 Ⅳ.①F224.0

中国版本图书馆 CIP 数据核字(2020)第 181845 号

策划编辑:彭　楠　　责任编辑:毋燕燕　　封面设计:七星博纳

出版发行:北京邮电大学出版社
社　　址:北京市海淀区西土城路 10 号
邮政编码:100876
发 行 部:电话:010-62282185　传真:010-62283578
E-mail:publish@bupt.edu.cn
经　　销:各地新华书店
印　　刷:保定市中画美凯印刷有限公司
开　　本:787 mm×1 092 mm　1/16
印　　张:11.25
字　　数:236 千字
版　　次:2020 年 9 月第 1 版
印　　次:2020 年 9 月第 1 次印刷

ISBN 978-7-5635-6216-9　　　　　　　　　　　　　　　　定价:29.00 元

・如有印装质量问题,请与北京邮电大学出版社发行部联系・

前 言

经济数学是高等数学的一类,分为微积分、线性代数、概率论与数理统计几部分。学习经济数学不仅能够奠定扎实的数学理论基础,同时又能够促进理解基本的经济理论,为后续各专业课程的学习提供必备的数学工具及科学的逻辑思维方法。

经济数学是高等教育,包括职业技术院校经济和管理类专业的基础课程之一,是培养经济管理类大学生数学素养和理性思维能力的最重要知识体系。

本教材在保持学科系统性及完整性的基础上,立足于远程教育的教学特点,以应用为目的,对定义、定理的证明过程进行了简化,突出其理解和应用。在知识讲解的基础上配合大量的实际示例分析,并针对日常生活工作中遇到的经济问题进行讨论。

本教材的特色主要体现在以下几方面:

(1) 教材的每一部分内容都配备相应的章节思维导图,便于理解教材的整体知识结构及各部分知识点之间的逻辑关系,帮助读者梳理知识,更好地掌握数学之美,每章均配备章导读及内容要求,使学生对知识点的把握做到心中有数。

(2) 各章节重要知识点配备实例分析,将艰涩的数学知识结合生活实际进行理解,透视经济生活的内在发展规律,帮助读者成为一个理性的"经济人"。

(3) 各章节知识点后均配备足量的课后习题及综合思考题并在教材后配备答案,利于读者消化吸收所学知识,并通过反复的练习检验学习效果。

(4) 为体现实用及够用的原则,教材强化了函数、导数及积分在经济分析中的应用,增加了重点知识的实例分析,帮助学生提高运用数学思维分析并解决实际问题的能力。

教材共9章内容,包括平面曲线与方程,函数,导数,微分与积分,以及上述知识在经济分析中的具体应用。本教材由李向明主编并负责全书的总体框架及写作提纲的设计及确定,各章节的具体编写分工如下:李向明(第3章、第4章、第9章)、杨丽华(第5章、第6章、第7章、第8章)、苏静(第1章、第2章、第6.5节、第8.2节),廖德生参与了教学策划、资料收集工作。

在教材的编写过程中作者参考了国内外众多院校编写的"高等数学""经济数学"以

及"西方经济学"这三类教材,同时参考了许多网站提供的数据资料。本教材在北京邮电大学网络教育学院各部门的大力支持下顺利完成并出版,编者在此一并感谢。

由于编者水平有限,教材中难免有不足之处,恳请读者批评指正。

编 者
2020 年 5 月

目 录

第 1 章 平面曲线与方程 ……………………………………………… 1

  1.1 平面直角坐标系 …………………………………………………… 2
      1.1.1 平面直角坐标系 ……………………………………………… 2
      1.1.2 点的坐标 ……………………………………………………… 2
      1.1.3 两点间距离公式 ……………………………………………… 3
  练习 1.1 …………………………………………………………………… 3
  1.2 直线方程 …………………………………………………………… 3
      1.2.1 直线方程的常用形式 ………………………………………… 3
      1.2.2 两直线平行与垂直 …………………………………………… 5
      1.2.3 两直线的交点 ………………………………………………… 6
      1.2.4 实例分析 ……………………………………………………… 7
  练习 1.2 …………………………………………………………………… 7
  1.3 曲线与方程 ………………………………………………………… 7
      1.3.1 圆的方程 ……………………………………………………… 8
      1.3.2 椭圆方程 ……………………………………………………… 8
      1.3.3 双曲线方程 …………………………………………………… 8
      1.3.4 抛物线方程 …………………………………………………… 9
  练习 1.3 …………………………………………………………………… 10

第 2 章 函数 ………………………………………………………………… 11

  2.1 函数的定义 ………………………………………………………… 12
      2.1.1 常量与变量 …………………………………………………… 12
      2.1.2 函数的定义 …………………………………………………… 12
      2.1.3 区间 …………………………………………………………… 13

2.1.4　函数的定义域 ·· 14
　　2.1.5　函数的表示方法 ·· 15
　练习 2.1 ··· 16
2.2　函数的性质 ··· 17
　　2.2.1　单调性 ·· 17
　　2.2.2　奇偶性 ·· 17
　　2.2.3　周期性 ·· 18
　　2.2.4　有界性 ·· 19
　练习 2.2 ··· 19
2.3　反函数 ·· 19
　　2.3.1　反函数的概念 ·· 19
　　2.3.2　反函数的求法 ·· 20
　　2.3.3　反函数的图形 ·· 20
　练习 2.3 ··· 20
2.4　初等函数 ·· 21
　　2.4.1　基本初等函数 ·· 21
　　2.4.2　复合函数 ·· 25
　　2.4.3　初等函数 ·· 26
　练习 2.4 ··· 26
2.5　经济分析中常见的函数 ·· 26
　　2.5.1　需求函数与供给函数 ·· 27
　　2.5.2　生产函数 ·· 32
　练习 2.5 ··· 35
　习题 2 ··· 36

第 3 章　函数的极限

3.1　函数的极限 ·· 40
　　3.1.1　数列的极限 ·· 40
　　3.1.2　函数的极限 ·· 41
　练习 3.1 ··· 43
3.2　无穷小和无穷大 ·· 43
　　3.2.1　无穷小 ·· 43
　　3.2.2　无穷大 ·· 44
　　3.2.3　无穷小的比较 ·· 44
　练习 3.2 ··· 45

3.3 极限运算法则 ······ 45
练习 3.3 ······ 47
3.4 两个重要极限 ······ 48
  3.4.1 极限存在准则 ······ 48
  3.4.2 两个重要极限 ······ 48
  3.4.3 第二个重要极限 ······ 49
练习 3.4 ······ 50
习题 3 ······ 50

第 4 章 函数的连续性 ······ 53

4.1 函数的连续和间断 ······ 54
  4.1.1 函数在一点的连续 ······ 54
  4.1.2 函数在区间连续 ······ 55
练习 4.1 ······ 56
4.2 初等函数的连续性 ······ 56
  4.2.1 函数的和、差、积、商的连续性 ······ 56
  4.2.2 复合函数的连续性 ······ 56
  4.2.3 初等函数的连续性 ······ 57
  4.2.4 利用函数的连续性求函数的极限 ······ 57
练习 4.2 ······ 58
4.3 闭区间上连续函数的性质 ······ 59
练习 4.3 ······ 60
4.4 经济分析中函数的连续性 ······ 60
习题 4 ······ 60

第 5 章 导数与微分 ······ 63

5.1 函数的导数 ······ 64
  5.1.1 导数引入实例 ······ 64
  5.1.2 导数的定义 ······ 65
  5.1.3 基本初等函数的导数公式 ······ 68
  5.1.4 导数的几何意义 ······ 70
  5.1.5 可导和连续的关系 ······ 70
练习 5.1 ······ 71
5.2 求导法则 ······ 71
  5.2.1 函数和差的求导法则 ······ 71

5.2.2 函数乘积的求导法则 …………………………………………………… 72
　　5.2.3 函数商的求导法则 ……………………………………………………… 73
　练习 5.2 ………………………………………………………………………………… 74
5.3 复合函数的导数 ……………………………………………………………………… 74
　　5.3.1 复合函数的求导法则 …………………………………………………… 74
　　5.3.2 复合函数求导举例 ……………………………………………………… 75
　练习 5.3 ………………………………………………………………………………… 76
5.4 函数的二阶导数 ……………………………………………………………………… 76
　练习 5.4 ………………………………………………………………………………… 77
5.5 函数的微分 …………………………………………………………………………… 78
　　5.5.1 微分的定义 ……………………………………………………………… 78
　　5.5.2 微分的运算法则 ………………………………………………………… 80
　　5.5.3 复合函数的微分 ………………………………………………………… 81
　练习 5.5 ………………………………………………………………………………… 81
　习题 5 …………………………………………………………………………………… 82

第6章 导数的应用 …………………………………………………………………… 84

6.1 洛必达法则 …………………………………………………………………………… 85
　　6.1.1 $\dfrac{0}{0}$ 型未定式的极限 ……………………………………………………… 85
　　6.1.2 $\dfrac{\infty}{\infty}$ 型未定式的极限 ……………………………………………………… 86
　　6.1.3 其他类型的未定式的极限 ……………………………………………… 87
　练习 6.1 ………………………………………………………………………………… 88
6.2 函数的单调性 ………………………………………………………………………… 88
　练习 6.2 ………………………………………………………………………………… 90
6.3 函数的极值和最值 …………………………………………………………………… 90
　　6.3.1 函数极值的定义 ………………………………………………………… 90
　　6.3.2 函数极值的判定及求解 ………………………………………………… 91
　　6.3.3 函数的最值及求解 ……………………………………………………… 94
　练习 6.3 ………………………………………………………………………………… 95
6.4 函数的凹凸性和拐点 ………………………………………………………………… 96
　　6.4.1 函数凹凸性和拐点 ……………………………………………………… 96
　　6.4.2 函数凹凸性和拐点的判定 ……………………………………………… 96
　练习 6.4 ………………………………………………………………………………… 97
6.5 导数在经济分析中的应用 …………………………………………………………… 98

  6.5.1 变化率 98
  6.5.2 边际分析 99
  6.5.3 弹性分析 103
 练习 6.5 108
 习题 6 109

第 7 章　不定积分 111

 7.1 不定积分的定义和性质 112
  7.1.1 原函数的定义 112
  7.1.2 不定积分的定义 112
  7.1.3 不定积分的性质 113
 练习 7.1 114
 7.2 积分的基本公式 115
 练习 7.2 116
 7.3 换元积分法 117
  7.3.1 第一换元法（凑微分法） 117
  7.3.2 第二换元法 119
 练习 7.3 121
 7.4 分部积分法 121
 练习 7.4 123
 习题 7 123

第 8 章　定积分及其应用 125

 8.1 定积分的定义及性质 126
  8.1.1 定积分的定义 126
  8.1.2 定积分的几何意义 128
  8.1.3 定积分的性质 130
 练习 8.1 131
 8.2 牛顿-莱布尼兹公式 131
  8.2.1 积分上限的函数及其导数 132
  8.2.2 牛顿-莱布尼兹公式 133
 练习 8.2 134
 8.3 定积分的积分方法 135
  8.3.1 换元积分法 135
  8.3.2 分部积分法 136
 练习 8.3 137

8.4 积分在经济分析中的应用 ································· 138
    8.4.1 不定积分在经济学中的应用 ···················· 138
    8.4.2 定积分在经济学中的应用 ······················ 139
练习 8.4 ··· 141
习题 8 ·· 142

第 9 章 常微分方程 ··· 144

9.1 微分方程的基本概念 ··································· 145
    9.1.1 微分方程的定义 ······························· 145
    9.1.2 微分方程的阶 ································· 145
    9.1.3 微分方程的解 ································· 145
练习 9.1 ··· 146
9.2 一阶微分方程 ··· 147
    9.2.1 可分离变量的微分方程 ······················· 147
    9.2.2 一阶线性微分方程 ···························· 149
练习 9.2 ··· 152
习题 9 ·· 153

习题参考答案 ·· 155

参考文献 ·· 167

第 1 章　平面曲线与方程

本章导读

本章是初等数学中有关平面曲线内容的简单归纳和总结,回顾平面直角坐标系、平面直线和二次曲线的知识要点。

本章学习的基本要求:

1. 掌握直线方程常用的几种形式;
2. 掌握两直线的交点的求法;
3. 熟悉几种常见的二次曲线。

思维导图

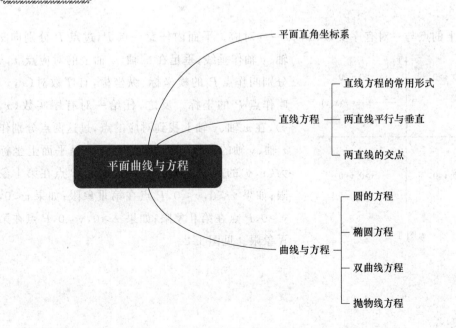

1.1 平面直角坐标系

1.1.1 平面直角坐标系

平面上两条相互垂直的数轴 Ox 和 Oy 构成平面直角坐标系。Ox 为横轴,也叫 x 轴;Oy 为纵轴,也叫 y 轴。两轴的交点 O 是它们的公共原点,为坐标系的原点。两条坐标轴将平面分成 4 个部分,分别为第Ⅰ象限,第Ⅱ象限,第Ⅲ象限,第Ⅳ象限,横轴、纵轴上的点及原点不在任何一个象限内。见图 1-1。

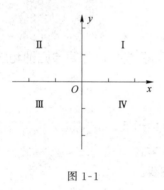

图 1-1

1.1.2 点的坐标

平面上的点与一对有序实数 (x,y) 一一对应。平面内任意一点 P,过点 P 分别向 x 轴、y 轴作垂线,垂足在 x 轴、y 轴上的对应点 x,y 分别叫作点 P 的横坐标、纵坐标,有序数对 (x,y) 叫作点 P 的坐标。反之,任给一对有序实数 (x,y),在 x 轴、y 轴上找到对应的点,过这两点分别作 x 轴、y 轴的垂线,两垂线的交点就是平面上坐标为 (x,y) 的点 P。如果 $x>0, y>0$,P 点在第Ⅰ象限;如果 $x<0, y<0$,P 点在第Ⅲ象限;如果 $x<0, y>0$,P 点在第Ⅱ象限;如果 $x>0, y<0$,P 点在第Ⅳ象限。见图 1-2。

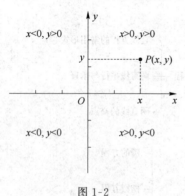

图 1-2

1.1.3 两点间距离公式

平面上两点 $P(x_1,y_1)$ 和 $Q(x_2,y_2)$ 的距离(图 1-3)为
$$d(P,Q)=\sqrt{(x_2-x_1)^2+(y_2-y_1)^2}。$$

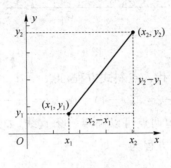

图 1-3

练习 1.1

1. 在直角坐标系中标出两点 $A(1,-2),B(3,2)$ 的坐标,并求出两点间的距离。

1.2 直线方程

在平面直角坐标系中,一个二元一次方程 $ax+by+c=0$ 表示一条直线。特别地,$x=c$ 是一条平行于 y 轴的直线,$y=c$ 是一条平行于 x 轴的直线;$y=0$ 和 $x=0$ 则分别表示 x 轴和 y 轴。

1.2.1 直线方程的常用形式

$ax+by+c=0$ 是直线方程的一般形式,在实际应用中经常会使用以下几种形式:

1. 斜截式方程 $y=kx+b$,其中 k 是直线与 x 轴夹角 θ 的正切,即 $k=\tan\theta$,称为直线的斜率,b 是直线与 y 轴交点的纵坐标,即直线在 y 轴上的截距,见图 1-4。

2. 点斜式方程 如果已知直线通过点 $A(x_0,y_0)$,斜率为 k,则可使用直线的点斜式方程 $y-y_0=k(x-x_0)$。

例 1-1 写出过点 $(1,2)$,斜率为 3 的直线的方程。

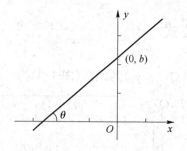

图 1-4

解:把 $x_0=1, y_0=2, k=3$ 代入点斜式方程,得
$$y-2=3(x-1) \quad 或 \quad y=3x-1。$$

3. 两点式方程 我们知道两点可以确定一条直线,如果已知直线过两点 $A(x_1, y_1)$ 和 $B(x_2, y_2)$,则直线的两点式方程为
$$y-y_1=\frac{y_2-y_1}{x_2-x_2}(x-x_1)。$$

实际上两点式方程由点斜式方程得出,已知直线过两点 $A(x_1, y_1)$ 和 $B(x_2, y_2)$,见图 1-5,可得直线的斜率为 $k=\frac{y_2-y_1}{x_2-x_1}(x_2 \neq x_1)$,点 A, B 任选一点为已知点即可。

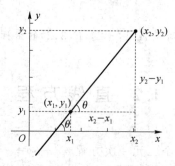

图 1-5

例 1-2 写出过点 $(1,-2)$ 和 $(3,2)$ 的直线的方程。

解:直线的斜率为
$$k=\frac{y_2-y_1}{x_2-x_1}=\frac{2-(-2)}{3-1}=2,$$
在两点中任选一点,如 $(1,-2)$ 代入点斜式方程,得
$$y-(-2)=2(x-1) \quad 或 \quad y=2x-4。$$
也可直接代入两点式方程中化简得到。

4. 截距式方程 如果方程既不平行于 x 轴也不平行于 y 轴,与两坐标轴的交点为 $(a,0), (0,b)$,则可写出直线的截距式方程:

$$\frac{x}{a}+\frac{y}{b}=1。$$

例 1-3 写出过点 $(2,0)$ 和 $(0,-3)$ 的直线的方程。

解：将 $a=2, b=-3$ 直接代入截距式方程，得

$$\frac{x}{2}+\frac{y}{-3}=1 \quad 或 \quad \frac{x}{2}-\frac{y}{3}=1。$$

在直线过两已知点 $A(x_1,y_1)$ 和 $B(x_2,y_2)$ 时，还可以将两点直接代入直线的一般方程 $ax+by+c=0$，确定参数 a,b,c，求出直线方程。

例 1-4 写出过点 $(1,-2)$ 和 $(3,2)$ 的直线的方程。

解：将 $x_1=1, y_1=-2, x_2=3, y_2=2$ 分别代入方程 $ax+by+c=0$ 中，得

$$\begin{cases} a-2b+c=0 \\ 3a+2b+c=0 \end{cases},$$

解得

$$\begin{cases} a=-\frac{1}{2}c \\ b=\frac{1}{4}c \end{cases} \quad (c \text{ 为任意不等于零的常数})。$$

直线方程为

$$2x-y-4=0。$$

1.2.2　两直线平行与垂直

设有直线

$$L_1: y=k_1x+b_1,$$
$$L_2: y=k_2x+b_2,$$

如果 L_1 平行于 L_2，则 $k_1=k_2$，见图 1-6。

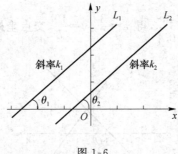

图 1-6

如果 L_1 与 L_2 垂直，则 $k_1 \cdot k_2=-1$，见图 1-7。

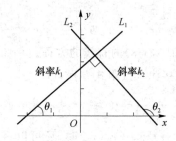

图 1-7

例 1-5 写出过点 $(3,2)$ 且与直线 $5x-2y+4=0$ 平行的直线方程。

解：直线 $5x-2y+4=0$ 的斜率为 $\dfrac{5}{2}$，所求直线方程为

$$y-2=\dfrac{5}{2}(x-3) \quad \text{或} \quad 5x-2y-11=0。$$

例 1-6 写出过点 $(3,-2)$ 且与直线 $3x+4y-7=0$ 垂直的直线方程。

解：直线 $3x+4y-7=0$ 的斜率为 $-\dfrac{3}{4}$，所求直线的斜率为 $\dfrac{4}{3}$，方程为

$$y+2=\dfrac{4}{3}(x-3) \quad \text{或} \quad 4x-3y-18=0。$$

1.2.3 两直线的交点

设有直线

$$L_1: a_1 x + b_1 y + c_1 = 0;$$
$$L_2: a_2 x + b_2 y + c_2 = 0;$$

求两直线的交点，只要解方程组 $\begin{cases} a_1 x + b_1 y + c_1 = 0 \\ a_2 x + b_2 y + c_2 = 0 \end{cases}$ 即可。

例 1-7 求直线 $4x+3y-6=0$ 和 $x-y+1=0$ 的交点。

解：解方程组 $\begin{cases} 4x+3y-6=0 \\ x-y+1=0 \end{cases}$，得 $x=\dfrac{3}{7}$，$y=\dfrac{10}{7}$，交点坐标为 $\left(\dfrac{3}{7},\dfrac{10}{7}\right)$，见图 1-8。

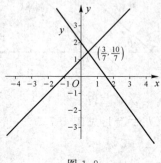

图 1-8

1.2.4 实例分析

实践中通常分析商品的价格与数量之间的关系,即令 y 为价格 p,x 为数量 Q,a,b 为参数且为正数,则商品的线性需求函数为 $Q=a-bp$,直线的斜率为负数 $(-b)$,即商品的价格与需求数量之间呈反方向变化,随着商品价格的提高(或降低),商品的需求数量下降(或增加),见图1-9。线性需求函数为 $Q=-a+bp$,直线的斜率为正数 b,即商品的价格与需求数量之间呈同方向变化,随着商品价格的提高(或降低),商品的需求数量增加(或减少)。

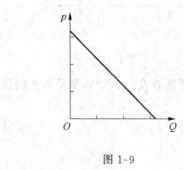

图 1-9

练 习 1.2

1. 直线 L_1,L_2 过点 $A(4,2)$,分别平行于 x 轴和 y 轴,求直线 L_1,L_2 的方程。
2. 求过点 $A(4,2)$,$B(2,-1)$ 的直线方程。
3. 写出过点 $A(-1,2)$,$B(0,1)$ 的直线的一般方程。
4. 写出过点 $A(4,2)$,且平行于直线 $2x+3y-1=0$ 的直线方程。
5. 求直线 $3x+2y=12$ 与直线 $2x-y=1$ 的交点。

1.3 曲线与方程

在平面上,二元方程 $F(x,y)=0$ 表示平面上的曲线。线性方程就是1.2节介绍的直线,本节将介绍一些特殊的二次曲线。

1.3.1 圆的方程

二次方程 $(x-x_0)^2+(y-y_0)^2=R^2$,是一条到点 $C(x_0,y_0)$ 的距离为 R 的点的轨迹。$C(x_0,y_0)$ 为圆心,R 为圆的半径,见图 1-10。

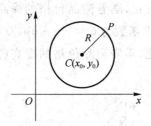

图 1-10

例如 $(x-1)^2+(y+2)^2=4$ 是圆心在 $(1,-2)$,半径为 2 的圆。

1.3.2 椭圆方程

二次方程 $\dfrac{x^2}{a^2}+\dfrac{y^2}{b^2}=1(a>0,b>0)$,表示一个椭圆,曲线与 x 轴交点 $A(a,0)$,$A'(-a,0)$,与 y 轴交点 $B(0,b)$,$B'(0,-b)$,如果 $a>b$,则线段 $A'A$ 称为椭圆的长轴,$B'B$ 称为椭圆的短轴;点 $F(c,0)$,$F'(-c,0)$ $(c=\sqrt{a^2-b^2})$ 为椭圆的两个焦点,椭圆就是到点 $F(c,0)$ 和 $F'(-c,0)$ 的距离之和为 $2a$ 的轨迹,见图 1-11。

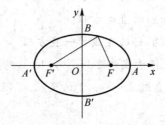

图 1-11

例如 $\dfrac{x^2}{9}+\dfrac{y^2}{4}=1$ 是长轴为 6,短轴为 4 的椭圆。

1.3.3 双曲线方程

二次方程 $\dfrac{x^2}{a^2}-\dfrac{y^2}{b^2}=1(a>0,b>0)$,表示一对双曲线,曲线与 x 轴交点 $A(a,0)$,

$A'(-a,0)$，线段 $A'A$ 称为双曲线的实轴。点 $F(c,0)$，$F'(-c,0)$ $(c=\sqrt{a^2-b^2})$ 为双曲线的焦点，双曲线就是到点 $F(c,0)$ 和 $F'(-c,0)$ 的距离之差为 $2a$ 的轨迹。$bx\pm ay=0$ 是双曲线的两条渐近线，见图 1-12。

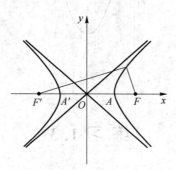

图 1-12

在经济分析中有重要应用的函数 $y=\dfrac{a}{x}$ 或 $xy=a(a>0)$ 的曲线也是双曲线，渐近线是两条坐标轴。此函数可以用于表示在总支出不变的情况下，价格和需求之间的关系，见图 1-13。

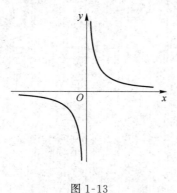

图 1-13

1.3.4 抛物线方程

二次方程 $y=ax^2+bx+c(a\neq 0)$ 表示一条抛物线，$a>0$，抛物线开口向上，$a<0$ 抛物线开口向下。顶点坐标 $A\left(-\dfrac{b}{2a},\dfrac{4ac-b^2}{4a}\right)$，图形关于直线 $x=-\dfrac{b}{2a}$ 对称，见图 1-14。

例如 $y=x^2-4x-2$ 是开口向上，顶点为 $(2,-6)$ 的抛物线。

在经济分析中常见的一种需求函数是二次需求函数，$Q=a-bp-cp^2(a>0,b>0,c>0)$ 的曲线是开口向下的抛物线。

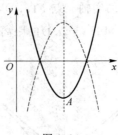

图 1-14

练 习 1.3

1. 写出圆心在点 $A(4,-2)$,半径为 2 的圆的方程。

2. 已知椭圆的两个焦点坐标为 $(-1,0)$ 和 $(1,0)$,长轴为 4,求椭圆的方程。

3. 已知抛物线的方程为 $y-x^2+2x-3=0$,求其顶点坐标,并判断其开口方向。如果曲线方程为 $x-y^2+2y-3=0$,情况又如何?

第2章 函　　数

本章导读

函数是微积分研究的对象,是微积分最重要的概念之一,本章介绍函数的概念和性质,各类基本初等函数,复合函数,初等函数的概念及经济分析中常见的函数。本章学习的基本要求:

1. 理解函数的概念;
2. 了解函数的基本特性;
3. 熟悉基本初等函数的性质与图形;
4. 了解复合函数的概念,掌握分析复合函数的复合过程;
5. 掌握经济分析中的常见函数,能够运用函数描述并解决经济问题。

思维导图

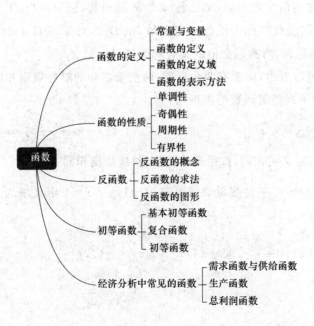

2.1 函数的定义

2.1.1 常量与变量

在同一自然现象或社会现象中,常常会遇到各种不同的量,其中有些量在所考虑的问题中不发生变化,保持某一固定的值,这种量叫作**常量**;还有一些量却发生变化,可以取不同的值,这种量叫作**变量**。例如,将一个密闭容器内的气体加热时,气体的体积和分子数是常量,温度和压强则是变量。

一个量是常量还是变量,并不是固定不变的,与所分析的问题密切相关。例如,在密闭容器中考虑气体的温度、压强和体积之间的关系时,如果考虑压强和体积之间的关系,则把温度看作常量,在考虑温度和压强的关系时,则把体积看作常量。

2.1.2 函数的定义

在一个问题中的几个变量,往往不是互不相干,相互独立的,而是相互联系的。变量间的这种相互依赖、相互联系关系在数学上称为函数关系。例如,圆的面积公式 $A=\pi r^2$,这里面积 A 随半径 r 的变化而变化。

定义 2.1 设有两个变量 x 与 y,当变量 x 在实数某范围任取一值时,变量 y 按确定的规则有唯一确定的值与之对应,那么称 y 是 x 的函数,记 $y=f(x)$。x 称为自变量,y 称为因变量,x 的取值范围称为函数的**定义域**,记 D_f。对 $x_0 \in D_f$,$y_0 = f(x_0)$ 称为函数 $f(x)$ 在点 x_0 的**函数值**,所有函数值的集合称为**值域**。记 Z_f。

从上述定义可以看出,函数有两个要素:两变量之间的对应规则和定义域。

例 2-1 分析下列各组函数是否相同:

(1) $y=|x|$ 与 $y=\sqrt{x^2}$;   (2) $y=\dfrac{x^2-1}{x+1}$ 与 $y=x-1$。

解:(1) 相同,定义域相同,都是全体实数,对应法则相同。

(2) 不相同,$y=\dfrac{x^2-1}{x+1}$ 自变量取值不能为 -1,$y=x-1$ 定义域为全体实数,定义域不同。

例 2-2 设 $f(x)=\dfrac{x}{x^2+1}$,求 $f(1), f(0), f(-1), f\left(\dfrac{1}{x}\right)$。

解:
$$f(1)=\dfrac{1}{1^2+1}=\dfrac{1}{2};$$

$$f(0)=\frac{0}{0^2+1}=0;$$

$$f(-1)=\frac{-1}{(-1)^2+1}=-\frac{1}{2};$$

$$f\left(\frac{1}{x}\right)=\frac{\frac{1}{x}}{\left(\frac{1}{x}\right)^2+1}=\frac{x}{1+x^2}。$$

例 2-3 已知 $f\left(\dfrac{1}{x}\right)=\dfrac{x}{1+x^2}$，求 $f(x+1)$。

解：先求 $f(x)$，设 $\dfrac{1}{x}=u$，则

$$x=\frac{1}{u},\quad f\left(\frac{1}{x}\right)=f(u)=\frac{\frac{1}{u}}{1+\frac{1}{u^2}}=\frac{u}{u^2+1},$$

即 $f(x)=\dfrac{x}{1+x^2}$，则 $f(x+1)=\dfrac{x+1}{1+(x+1)^2}$。

2.1.3 区间

设 $a,b\in\mathbf{R}$（$\mathbf{R}$ 全体实数集合）且 $a<b$，有：开区间 (a,b)，满足 $a<x<b$ 的所有实数 x 的集合；闭区间 $[a,b]$，满足 $a\leqslant x\leqslant b$ 的所有实数 x 的集合；半开区间 $(a,b]$（或 $[a,b)$），满足 $a<x\leqslant b$（或 $a\leqslant x<b$）的所有实数 x 的集合。

上述区间在 x 轴上的表示见图 2-1。

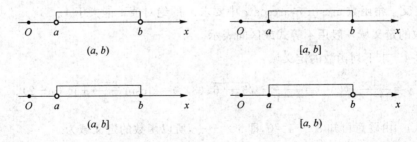

图 2-1

以上区间为有限区间，对应无限区间，有：(a,∞)，满足 $a<x$ 的所有实数 x 的集合；$[a,\infty)$，满足 $a\leqslant x$ 的所有实数 x 的集合；$(-\infty,b)$，满足 $x<b$ 的所有实数 x 的集合；$(-\infty,b]$，满足 $x\leqslant b$ 的所有实数 x 的集合；$(-\infty,+\infty)$，全体实数集合。

上述无限区间在 x 轴上的表示见图 2-2。

邻域：包含点 x_0 的开区间 $(x_0-\delta,x_0+\delta)$（$\delta>0$）称为 x_0 的 δ-邻域，简称邻域。

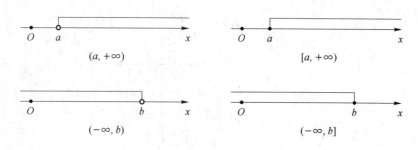

图 2-2

左邻域：$(x_0-\delta, x_0)(\delta>0)$；

右邻域：$(x_0, x_0+\delta)(\delta>0)$。

2.1.4 函数的定义域

函数的定义域要根据函数的数学表达式和实际意义来分析，如 $y=ax^2$，作为数学表达式对任意的实数都有意义，定义域为全体实数；而在圆的面积公式 $A=\pi r^2$ 中，r 要大于 0。

对于用数学表达式表示的函数，其定义域由表达式本身确定，这样的定义域称之为自然定义域。

求函数的自然定义域，一般要从这样几方面考虑：

(1) 分母不能为零；

(2) 偶次根号下的数值不能小于零；

(3) 对数函数中，真数要大于零；

(4) 反三角函数 $\arcsin x$，$\arccos x$ 中要求 x 的绝对值不能大于 1。

函数的定义域一般用不等式或区间表示。

例 2-4 求下列函数的定义域：

(1) $y=\dfrac{1}{3x+4}$；(2) $y=\dfrac{x}{x-1}+\sqrt{3x+6}$；(3) $y=\arcsin\dfrac{x-1}{2}+\lg(x-2)$。

解：(1) 由题意可知 $3x+4\neq 0$，即 $x\neq -\dfrac{4}{3}$，所以函数的定义域为

$$\left(-\infty, -\dfrac{4}{3}\right) \cup \left(\dfrac{4}{3}, +\infty\right).$$

(2) 由题意可知 $\begin{cases} x-1\neq 0 \\ 3x+6\geq 0 \end{cases}$，即 $\begin{cases} x\neq 1 \\ x\geq -2 \end{cases}$，所以函数的定义域为 $[-2,1)\cup(1,+\infty)$。

(3) 由题意可知 $\begin{cases} \left|\dfrac{x-1}{2}\right|\leq 1 \\ x-2>0 \end{cases}$，解得 $\begin{cases} -1\leq x\leq 3 \\ x>2 \end{cases}$，所以函数的定义域为 $(2,3]$。

2.1.5 函数的表示方法

函数的表示方法,一般有**公式法**、**表格法**和**图示法**。

1. 公式法

用数学式子表示自变量与因变量之间的关系,如 $y=x^2+x-1$,$y=\sin(x+1)$ 等。

在用公式法表示函数时,经常会遇到在定义域的不同区间用不同式子表示的函数,称为**分段函数**。如

$$y=\begin{cases} x^2, & x\leqslant 0, \\ x, & x>0, \end{cases}$$

其函数曲线见图 2-3。

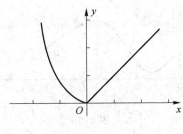

图 2-3

注意:分段函数是一个函数,不是两个或多个函数,只是在不同的区间内表达式不同。

绝对值函数是分段函数。

例 2-5 作出函数 $y=|x-1|$ 的图形。

解:先去掉函数表达式中的绝对值:

当 $x-1\geqslant 0$,即 $x\geqslant 1$ 时,$y=|x-1|=x-1$,当 $x-1<0$,即 $x<1$ 时,$y=|x-1|=-(x-1)=1-x$,用分段函数表示为

$$y=\begin{cases} x-1, & x\geqslant 1, \\ x-1, & x<1. \end{cases}$$

函数图形见图 2-4。

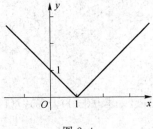

图 2-4

2. 表格法

将自变量的值与对应的函数值用表格对应起来,如银行的存款利率,见表 2-1。

表 2-1

时间	一年期	二年期	三年期	五年期
利率	1.5%	2.1%	2.75%	3.0%

存期是自变量,利率是函数。

3. 图示法

用平面直角坐标系中的曲线表示函数的方法叫作图示法,如气温自动记录仪描出某一天的气温变化曲线,给出了时间 t 与气温 T 的对应关系,见图 2-5。

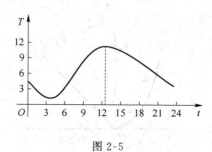

图 2-5

练 习 2.1

1. 判断下列各对函数是否为同一函数。

   (1) $f(x)=\sqrt{(x-1)^2}, f(x)=x-1$

   (2) $f(x)=\sqrt[3]{(x-1)^3}, f(x)=x-1$

   (3) $f(x)=\log_2(x+1)^2, f(x)=2\log_2(x+1)$

   (4) $f(x)=\sin^2 x+\cos^2 x, f(x)=1$

2. 求下列函数的定义域。

   (1) $y=x^2-x+1$ (2) $y=\dfrac{1}{x}$

   (3) $y=\sqrt{4-x^2}$ (4) $y=\dfrac{1}{1-\ln x}$

   (5) $y=\sqrt[3]{1-x^2}$

3. 设 $f(x)=\begin{cases} -x^2, & x<0, \\ 1, & 0\leqslant x<2, \\ x, & x\geqslant 2, \end{cases}$ 求 $f(-1), f(0), f(1), f(3)$ 的值,并作出 $f(x)$ 的图形。

2.2 函数的性质

2.2.1 单调性

设 $y=f(x)$ 在区间 (a,b) 内有定义,任意 $x_1,x_2 \in (a,b)$ 且 $x_1<x_2$,如果有 $f(x_1)<f(x_2)$,则称 $f(x)$ 在 (a,b) 内单调增加;如果有 $f(x_1)>f(x_2)$,则称 $f(x)$ 在 (a,b) 内单调减少。

如 $y=x^2$ 在 $(-\infty,0)$ 单调减少,在 $(0,+\infty)$ 单调增加。

单调增加函数和单调减少函数统称单调函数,对应的区间统称单调区间。

$y=e^x, y=-\ln x$ 都是单调函数。

单调增加的函数图像是沿 x 轴的正向上升的曲线,见图 2-6,单调减少的函数图像是沿 x 轴的正向下降的曲线,见图 2-7。

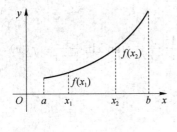

图 2-6

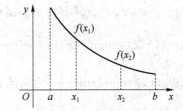

图 2-7

2.2.2 奇偶性

如果函数 $y=f(x)$ 对定义域内的任意 x 都满足 $f(-x)=-f(x)$,则称 $f(x)$ 为奇函数;如果函数 $y=f(x)$ 对定义域内的任意 x 都满足 $f(-x)=f(x)$,则称 $f(x)$ 为偶函数。

奇函数的图形关于原点对称,见图 2-8,偶函数的图形关于 y 轴对称,见图 2-9。

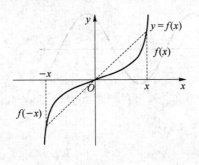

图 2-8

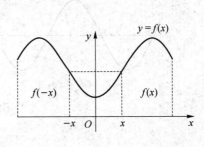

图 2-9

例 2-6 判断下列函数的奇偶性：

(1) $y=\dfrac{e^x+e^{-x}}{2}$;

(2) $y=\ln(x+\sqrt{x^2+1})$;

(3) $f(x)=\tan x \ln\dfrac{1+x}{1-x}$。

解：(1) $f(-x)=\dfrac{e^{-x}+e^{-(-x)}}{2}=\dfrac{e^x+e^{-x}}{2}=f(x)$，所以 $y=\dfrac{e^x+e^{-x}}{2}$ 为偶函数。

(2) $f(-x)=\ln(-x+\sqrt{(-x)^2+1})=\ln(\sqrt{x^2+1}-x)$

$=\ln\dfrac{(\sqrt{x^2+1}-x)(\sqrt{x^2+1}+x)}{\sqrt{x^2+1}+x}$

$=\ln\dfrac{1}{\sqrt{x^2+1}+x}$

$=-\ln(\sqrt{x^2+1}+x)$

$=-f(x)$

所以 $y=\ln(x+\sqrt{x^2+1})$ 为奇函数。

(3) $f(-x)=\tan(-x)\ln\dfrac{1-x}{1+x}=-\tan x\left(-\ln\dfrac{1+x}{1-x}\right)=\tan x\ln\dfrac{1+x}{1-x}=f(x)$,

所以 $f(x)=\tan x\ln\dfrac{1+x}{1-x}$ 为偶函数。

2.2.3 周期性

对于函数 $f(x)$，如果存在正数 T，使得对定义域内的任意 x，有 $f(x+T)=f(x)$ 成立，则称函数 $f(x)$ 为周期函数，使此式成立的最小正数称为 $f(x)$ 的周期。如 $y=\sin x$ 的周期为 2π，$y=\tan x$ 的周期为 π。

周期函数图形的特点是，自变量每经过一个周期其图形重复一次。周期函数的图形可由一个周期内的图形平移得到，见图 2-10。

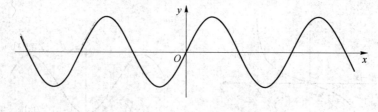

图 2-10

2.2.4 有界性

设 $f(x)$ 在区间 (a,b) 有定义,如果存在正数 M,使对于一切 $x\in(a,b)$,有 $|f(x)|\leqslant M$ 成立,则称 $f(x)$ 在区间 (a,b) 有界,否则称 $f(x)$ 在区间 (a,b) 为无界。

如果 $f(x)$ 在它的整个定义域内有界,称 $f(x)$ 为有界函数。

如 $y=\sin x$ 对定义域 $(-\infty,\infty)$ 内任意 x,都有 $|\sin x|\leqslant 1$,所以 $y=\sin x$ 为有界函数,见图 2-11。

$y=\tan x$ 在区间 $\left(-\dfrac{\pi}{2},\dfrac{\pi}{2}\right)$ 内无界。

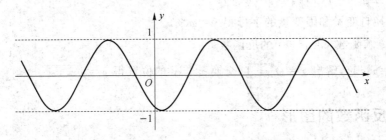

图 2-11

练习 2.2

1. 判断下列函数的奇偶性。
   (1) $f(x)=x\sin x$
   (2) $f(x)=x+\sin x$
   (3) $f(x)=x^3+1$
   (4) $f(x)=\dfrac{x}{x^2+1}$
   (5) $f(x)\dfrac{\mathrm{e}^x-\mathrm{e}^{-x}}{2}$
   (6) $f(x)=\dfrac{\mathrm{e}^x+\mathrm{e}^{-x}}{2}$

2. 已知函数 $y=f(x)$ 是周期为 10 的周期函数,求函数 $f(2x+1)$ 的周期。

2.3 反函数

2.3.1 反函数的概念

定义 2.2 设函数 $y=f(x)$ 的定义域为 D_f,值域为 Z_f,如果对于 Z_f 内的任一值 y,

都有 D_f 内唯一确定且满足 $y=f(x)$ 的 x 值与之对应,则可得到一个定义在 Z_f 上的以 y 为自变量,x 为因变量的函数 $x=\varphi(y)$,称为 $y=f(x)$ 的**反函数**,而 $y=f(x)$ 称为**直接函数**。

习惯上自变量用字母 x,因变量用字母 y,所以 $y=f(x)$ 的反函数写为 $y=\varphi(x)$ 或 $y=f^{-1}(x)$。

2.3.2 反函数的求法

求函数 $y=f(x)$ 的反函数的方法:
(1) 从方程 $y=f(x)$ 解出 $x=\varphi(y)$;
(2) 交换自变量和因变量的字母得 $y=\varphi(x)$。

例 2-7 求函数 $y=x^3+1$ 的反函数。

解:$y=x^3+1$,解出 $x=\sqrt[3]{y-1}$,交换 x 与 y 的位置得 $y=\sqrt[3]{x-1}$。

2.3.3 反函数的图形

图形特点:$y=f(x)$ 的图形与其反函数 $y=g(x)$ 的图形关于直线 $y=x$ 对称。见图 2-12。

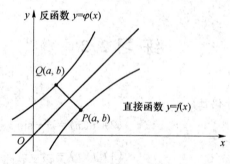

图 2-12

练 习 2.3

1. 写出下列函数的反函数。

(1) $y=2x+1$ (2) $y=3^x-1$

(3) $y=\ln(x+1)-2$ (4) $y=\dfrac{1-x}{1+x}$

2. 写出函数 $y=\begin{cases} x, & x<0 \\ x^2, & x\geq 0 \end{cases}$ 的反函数,并画图。

2.4 初等函数

2.4.1 基本初等函数

基本初等函数是指下列 5 类函数：幂函数，指数函数，对数函数，三角函数和反三角函数。它们是微积分研究对象的基础，大家一定要熟练掌握它们的概念、性质和图形。

1. 幂函数

函数 $y=x^a$（a 为实数）称为幂函数，其定义域随 a 的不同而不同，但对 $x>0$，都有定义。其性质在 $a>0$ 和 $a<0$ 根本不同。

要记住最常见的几个幂函数 $y=x, y=x^2, y=\sqrt{x}, y=x^{-1}$ 的定义域及图形，其函数图形见图 2-13。

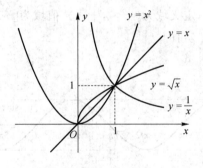

图 2-13

2. 指数函数

指数函数 $y=a^x$（$a>0, a\neq 1$），定义域为 $(-\infty, +\infty)$，值域为 $(0, +\infty)$，图形过 $(0,1)$ 点，$a>1$ 时，单调增加；$0<a<1$ 时，单调减少，其函数图形见图 2-14。今后函数 $y=e^x$ 用得较多。

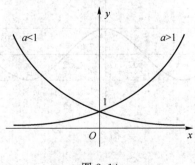

图 2-14

3. 对数函数

对数函数 $y=\log_a x (a>0, a\neq 1)$,定义域为 $(0,+\infty)$,值域为 $(-\infty,+\infty)$。与指数函数互为反函数,图形过点 $(1,0)$,$a>1$ 时,单调增加;$a<1$ 时,单调减少,其函数图形见图 2-15。

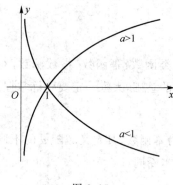

图 2-15

4. 三角函数

(1) 正弦函数 $y=\sin x$,定义域为 $(-\infty,+\infty)$,值域为 $[-1,1]$,周期为 2π 的周期函数,奇函数,其函数图形见图 2-16。

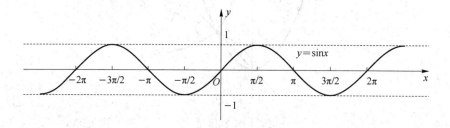

图 2-16

(2) 余弦函数 $y=\cos x$,定义域为 $(-\infty,+\infty)$,值域为 $[-1,1]$,周期为 2π 的周期函数,偶函数,其函数图形见图 2-17。

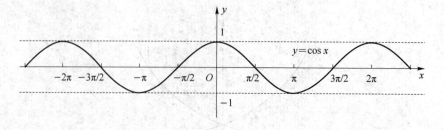

图 2-17

(3) 正切函数 $y=\tan x$,定义域为 $x\neq k\pi+\dfrac{\pi}{2}$,$k=0,\pm 1,\pm 2,\cdots$,值域为$(-\infty,+\infty)$,周期为$\pi$的周期函数,奇函数,在$\left(-\dfrac{\pi}{2},\dfrac{\pi}{2}\right)$内单调增加,其函数图形见图 2-18。

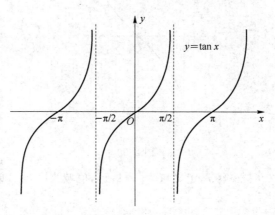

图 2-18

(4) 余切函数 $y=\cot x$,定义域为 $x\neq k\pi$,$k=0,\pm 1,\pm 2,\cdots$,值域为$(-\infty,+\infty)$,周期为π的周期函数,奇函数,在$(0,\pi)$内单调减少,其函数图形见图 2-19。

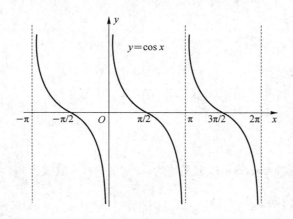

图 2-19

三角函数还有正割函数 $y=\sec x=\dfrac{1}{\cos x}$;余割函数 $y=\csc x=\dfrac{1}{\sin x}$。

5. 反三角函数

三角函数 $y=\sin x,y=\cos x,y=\tan x,y=\cot x$ 的反函数依次如下。

(1) 反正弦函数 $y=\arcsin x$,定义域为$[-1,1]$,值域为$\left[-\dfrac{\pi}{2},\dfrac{\pi}{2}\right]$,单调增加函数,奇函数,其函数图形见图 2-20。

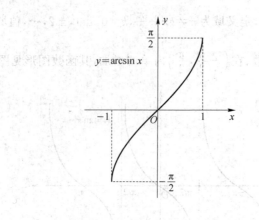

图 2-20

（2）反余弦函数 $y=\arccos x$，定义域为 $[-1,1]$，值域为 $[0,\pi]$，单调减少函数，其函数图形见图 2-21。

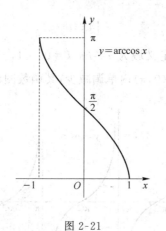

图 2-21

（3）反正切函数 $y=\arctan x$，定义域为 $(-\infty,+\infty)$，值域为 $\left(-\dfrac{\pi}{2},\dfrac{\pi}{2}\right)$，单调增加函数，奇函数，其函数图形见图 2-22。

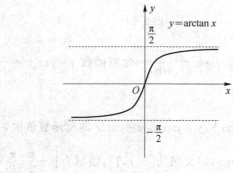

图 2-22

(4) 反余切函数 $y=\text{arccot } x$,定义域为 $(-\infty,+\infty)$,值域为 $(0,\pi)$,单调减少函数,其函数图形见图 2-23。

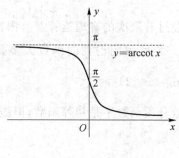

图 2-23

2.4.2 复合函数

定义 2.3 设函数 $y=f(u),u=\varphi(x)$,如果 $u=\varphi(x)$ 的值域包含在 $y=f(u)$ 的定义域中,则变量 y 通过变量 u 构成变量 x 的函数 $y=f[\varphi(x)]$,称为 x 的**复合函数**,u 叫作中间变量。

如 $y=f(u)=\ln u, u=\varphi(x)=x^2+1$ 可复合成 $y=f[\varphi(x)]=\ln(x^2+1)$。

关于复合函数需要注意以下几个问题:

(1) $u=\varphi(x)$ 的值域可以不完全包含在 $y=f(u)$ 的定义域中,只要有部分包含在 $y=f(u)$ 的定义域中即可,这时 $y=f[\varphi(x)]$ 的定义域只是 $u=\varphi(x)$ 定义域的一部分。如 $y=f(u)=\ln u, u=\varphi(x)=x-1$,仅从第二个函数判断本身定义域为 $(-\infty,\infty)$,但复合函数 $y=f[\varphi(x)]=\ln(x-1)$ 的定义域为 $(1,\infty)$;

(2) 复合函数可以由多个函数复合而成;

(3) 不是任何两个函数都可以构成复合函数,如 $y=\arcsin u$ 和 $u=x^2+2$。

例 2-8 已知 $y=u^2, u=\cot v, v=\ln x$,将 y 表示成 x 的函数。

解:将 $v=\ln x$ 代入 $u=\cot v$,得 $u=\cot \ln x$,再将 $u=\cot \ln x$ 代入 $y=u^2$ 得 $y=(\cot \ln x)^2=\cot^2 \ln x$。

例 2-9 指出下列复合函数由哪些简单函数复合而成。

(1) $y=\sin x^2$

(2) $y=\arctan(x+1)^2$

解:(1) $y=\sin x^2$ 是由 $y=\sin u$ 和 $u=x^2$ 复合而成。

(2) $y=\arctan(x+1)^2$ 是由 $y=\arctan u, u=v^2$ 和 $v=x+1$ 复合而成。

2.4.3 初等函数

由基本初等函数和常数经过有限次的有理运算及有限次复合构成的,能用一个解析式表达的函数称为初等函数。今后我们遇到的函数大多是初等函数。如,$y=\ln(1+\sqrt{x^2+1})$,$y=\arcsin\dfrac{x-1}{2}+\log_2(x-2)$ 等。

说明:一般情况下,大多数分段函数不是初等函数,但能用一个解析式表达的分段函数仍为初等函数。

练 习 2.4

1. 指出下列复合函数是有哪些基本初等函数(或多项式)复合而成的。

(1) $y=\sin(x^2+1)$

(2) $y=e^{\cos x}$

(3) $y=\lg(1+2x)$

(4) $y=2^{(2x+1)^2}$

(5) $y=\sqrt[3]{(1+x^2)^2}$

(6) $y=\sin\dfrac{1}{\sqrt{1+x^2}}$

(7) $y=\sin[\ln\tan(x^2-1)]$

2. 设 $f(x)=\dfrac{1}{1-x}$,求 $f\left[f\left(\dfrac{1}{x}\right)\right]$。

2.5　经济分析中常见的函数

经济分析中所应用的函数,包括需求函数、供给函数以及由供需决定的均衡价格体系;生产函数;总收入函数、总成本函数以及基于总收入函数、总成本函数决定的总利润函数。通过学习经济变量之间的函数关系,使我们能够了解经济现象的内在规律,进行预测及评价,诸如利用供需预测商品的价格,利用成本及收入预测项目的利润等。

在微观经济分析中价格理论是基本理论,价格取决于市场的供需双方,对需求和供给的认识是基础,经济学界定的需求是什么?需要具备什么条件才能形成需求,需求的影响因素有哪些?以下逐一介绍。

2.5.1 需求函数与供给函数

1. 需求函数

(1) 需求的概念

需求是指在某一特定时期内,在每一价格水平下,消费者愿意而且能够购买的商品数量,这是经济学意义上的需求。需求来源于消费者,构成需求有两个条件:其一,消费者具备消费意愿;其二,消费者具备相应的支付能力。

需求研究的是商品的数量与商品的价格之间的关系,影响需求的因素有很多,商品的价格是其中最重要的因素,此外还有相关商品的价格、消费者收入、消费者偏好及政府的相关消费政策等。

(2) 需求函数

如果将影响商品需求的各种因素作为自变量,商品的需求量作为因变量,则可以用需求函数来表示商品的需求量与影响因素之间的关系。一般的影响因素中除价格外的其他因素均为常量,可不予考虑,那么需求函数表示为 $Q^d = f(p)$,其中 p 为自变量,即商品的价格,Q^d 为因变量,即商品的需求量,需求函数表示商品的需求量与商品价格之间存在函数关系。需求定理表明:商品的需求量与商品的价格呈反方向变动关系,即商品的价格提高,需求量会随之减少;反之,商品的价格下降,需求量会随之增加,这适用于一般商品。

假定某商品的需求函数为 $Q^d = 10 - 2P$,则该需求曲线 D 对应的是一条直线。一般的,线性需求曲线的需求函数为 $Q^d = a - bP$,其中 a 为需求曲线的截距,$-b$ 为需求曲线的斜率;如果某商品的需求量与价格是非线性关系,则需求函数表示为 $Q^d = \alpha P^{-\beta}$,以上需求函数中 a, b, α, β 为正的常数。

实例分析

现有某地区市场上可乐的价格与其消费需求量的对应数量关系,通过表 2-2 中的数据找出可乐的价格和需求量之间的函数关系,并以图示之。

表 2-2

可乐的价格	可乐的需求量
0	6
1	5
2	4
3	3
4	2
5	1
6	0

将以上数据标于坐标中,即可得可乐的需求曲线(见图 2-24),其中横坐标为可乐的需求量 Q,纵坐标为可乐的价格 P,曲线 D(向右下方倾斜)为需求曲线,随着可乐价格的上涨,可乐的需求量下降,可乐的价格与需求量呈反方向变化,符合需求定理的变化规律。

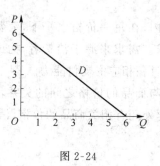

图 2-24

2. 供给函数

(1) 供给的概念

供给是指厂商在某一特定时期内,在每一价格水平下愿意而且能够提供的商品数量,经济学中的供给同样要具备两个必要条件:一是厂商要愿意提供产品,二是厂商有能力提供产品。

供给研究的是商品的供给量与商品的价格之间的关系,影响供给的因素包括商品的价格,生产技术水平,政府的相关政策等,但其中起重要作用的仍然是商品的价格因素。

(2) 供给函数

如果把影响商品供给的各种因素作为自变量,商品的供给量作为因变量,则可以用供给函数来表示商品的供给量与影响因素之间的关系。一般的供给的影响因素中除价格外的其他因素均可忽略,那么供给函数就表示为 $Q^s = f(P)$,其中 P 为商品的价格,Q^s 为商品的供给量,供给函数表示商品的供给量与价格之间存在函数关系。

假定某商品的供给函数为 $Q^s = -10 + 2P$,则该供给曲线 S 对应的是一条直线。一般的,线性的供给曲线的供给函数为 $Q^s = -a + bP$,其中 b 为供给曲线的斜率;如果某商品的供给量与价格是非线性关系,则供给函数表示为 $Q^s = \alpha P^\beta$,以上供给函数中 a,b,α,β 为正的常数。

实例分析

可乐的生产厂商根据市场上可乐的价格调整其产量,表 2-3 列出可乐的价格及其对应的供给量,找出两者的函数关系,并以图示之。

表 2-3

可乐的价格	可乐的供给量
0	0
1	1
2	4
3	7
4	10
5	13
6	16

图 2-25 为可乐的供给曲线,其中横坐标为可乐的供给量 Q,纵坐标为可乐的价格 P,曲线 S(向右上方倾斜)为供给曲线,随着可乐价格的持续上涨,可乐的供给量不断提高,价格与供给量呈同方向变化,符合供给定理的变化规律。

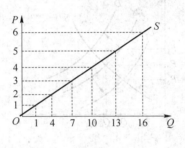

图 2-25

3. 均衡价格

(1) 均衡价格的概念

均衡是经济中各种对立的、变动着的力量处于一种力量相当、相对静止的状态,均衡并不是一成不变的,当处于均衡中的某个力量发生变动时就会打破原来的均衡状态,但均衡状态仍然会逐步恢复。

均衡价格是指一种商品需求与供给相等时的价格,此时商品的需求价格与供给价格相等,称为均衡价格;同时商品的需求量与供给量相等,称为均衡数量。如图 2-26(以线性函数为例)所示。

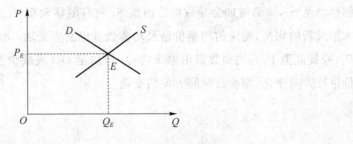

图 2-26

图 2-26 中横坐标为商品的数量 Q(包括需求量与供给量),纵坐标为商品的价格 P(包括需求价格和供给价格),曲线 D 为需求曲线,曲线 S 为供给曲线,D 与 S 相交于点 E,此时需求与供给相等,即达到均衡状态,相应的均衡价格为 P_E,均衡数量为 Q_E。

(2) 均衡价格的变动

1) 需求变动带来的影响

需求变动是指商品的价格不变,当价格以外的因素发生变动带来的影响,需求函数会发生变动,需求曲线会发生移动,如图 2-27 所示,需求增加会导致需求曲线从原来的 D_0 向右上方移动至 D_1,需求减少会导致需求曲线 D_0 向左下方移动至 D_2。变动后的需求与原来的供给形成新的均衡,相应的均衡价格及均衡数量也发生变动,均衡价格由原来的 P_0 提高至 P_1(或降低至 P_2),均衡数量由原来的 Q_0 增加至 Q_1(或减少至 Q_2)。因此,需求变动带来了均衡价格及均衡数量同方向的变化。

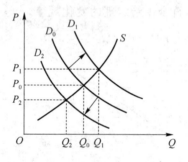

图 2-27

实 例 分 析

仍以可乐为例,可乐的厂商进行降价促销,带来消费量的增加,属于需求量的增加。若进入夏季,天气变得炎热,人们对可乐的偏好提高带来了消费的增加,这就是需求的增加,如图 2-27 所示需求从 D_0 移动至 D_1,需求增加了。

2) 供给变动带来的影响

供给变动是指在价格不变的基础上,供给的其他影响因素发生变动导致供给函数发生变动,则供给曲线发生移动,如图 2-28 所示,供给降低导致供给曲线从原来的 S_0 向左侧移动至 S_2,供给增加会导致供给曲线 S_0 向右侧移动至 S_1。变动后的供给与原来的需求形成新的均衡,相应的均衡价格及均衡数量也发生变动,均衡价格由原来的 P_0 降低至 P_1(或提高至 P_2),均衡数量由原来的 Q_0 增加至 Q_1(或减少至 Q_2)。供给变动带来均衡价格反方向变化,均衡数量同方向的变化。

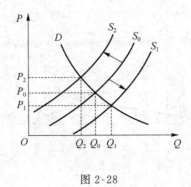

图 2-28

实例分析

由于市场上可乐的价格上涨,生产厂商扩大生产规模,提高可乐的产量,这是供给量的变化;若基于生产厂商更新设备从而大大地提高了产能,增加了市场的供应,这就属于供给的增加,如图 2-28 供给从 S_0 移动至 S_1,供给增加了。

例 2-10 某店出售冰激凌,每桶 15 元,店主每周出售 50 桶,如果每桶价格降低 5 元,店主每周出售 60 桶,求冰激凌的线性需求函数。

解:设冰激凌的线性需求曲线为 $Q^d = a - bP(a>0, b>0)$,由题意得:
$$\begin{cases} 50 = a - 15b, \\ 60 = a - 10b. \end{cases}$$

解得
$$\begin{cases} a = 80, \\ b = 2. \end{cases}$$

所求需求曲线为:$Q^d = 80 - 2P$。

例 2-11 在商品 X 的市场中,市场的需求函数为 $Q^d = 12 - 2P$;供给函数 $Q^s = -4 + 6P$。根据上述条件求解下列问题:

(1) 在同一坐标系中,绘出商品 X 的市场需求函数和市场供给函数并表示出均衡点;

(2) 求出均衡价格与均衡数量;

(3) 假定消费收入增加了,其个人需求曲线向右移动 4 个单位,求收入变化后的市场需求函数及均衡价格和均衡数量;

(4) 假定生产者的技术水平有了很大提高,供给曲线向右移动 4 个单位,求技术变化后的市场供给函数及均衡价格和均衡数量。

解:(1) 根据需求函数及供给函数将需求曲线与供给曲线表述在图 2-29 中,其中的供需均衡点即为需求曲线与供给曲线的交点。

直线 D 为商品 X 的市场需求曲线;直线 S 为商品 X 的市场供给曲线。

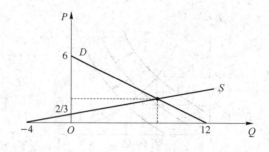

图 2-29

(2) 由供需平衡 $Q^d=Q^s$，有
$$12-2P=-4+6P,$$
解得
$$\begin{cases}P=2,\\ Q=8.\end{cases}$$

(3) 当消费者收入提高，则商品 X 的需求函数变动为
$$D_1=Q^d+4=12-2P+4=16-2P.$$
由供需平衡 $D_1=Q^s$，有
$$16-2P=-4+6P.$$
解得
$$\begin{cases}P=2.5,\\ Q=11.\end{cases}$$

结论：收入增加会引起均衡价格、均衡数量同时增加。

(4) 当生产者的技术水平有了很大提高，则商品 X 的供给函数变动为
$$S_1=Q^s+4=-4+6P+4=6P,$$
由供需平衡 $Q^d=S_1$，有
$$12-2P=6P,$$
解得
$$\begin{cases}P=1.5,\\ Q=9.\end{cases}$$

结论：技术水平提高会引起均衡价格降低，均衡数量增加。

2.5.2 生产函数

1. 生产的概念

经济学中的生产是指一切能够创造或增加效用的人类活动，生产活动包括物质资料的生产和劳务等服务产品的生产。生产过程则是指从投入生产到产品产出的过程，其中

的投入即为生产要素。

生产要素是在生产过程中使用的各种资源,具体包括劳动、土地、资本及企业家才能等,被称为生产的四大要素。其中劳动是指人类在生产过程中提供的服务,包括体力劳动与脑力劳动;土地是生产中使用的各种自然资源,不仅包括土地,还有地上或地下的一切自然资源,如森林、矿产、水等;资本可以表现为实物形态和货币形态两种形式,资本的实物形态又称为资本品或投资品,如厂房、机器设备、原材料、燃料等,资本的货币形态称为货币资本;企业家才能是指企业家组织建立和经营管理企业的才能。

2. 生产函数

生产函数是指在一定的技术水平条件下,一定时期内厂商生产过程中投入的各种生产要素的数量与它们生产出来的最大产量之间的函数关系。生产函数的一般表现形式为

$$Q = f(L, K, N, E),$$

其中,Q 代表产量,L、K、N、E 分别代表生产要素中的劳动、土地、资本和企业家才能。由于土地资源相对固定,企业家才能难以估算,因此生产函数通常表现为 $Q = f(L, K)$,即在一定技术条件下,生产 Q 的产量,需要一定数量的劳动 L 和资本 K 的组合,或者生产函数表现的是产量与劳动、资本之间的函数关系。

经济学在分析生产函数过程中有长期分析与短期分析的区别,所谓短期即是指厂商不会改变厂房、设备等固定资本的投资规模,只根据市场的情况改变自己的原材料、劳动力等来调整自己的产量。因此短期生产函数通常表示为

$$Q = f(L, \overline{K}),$$

其中,资本 K 为一常数,只研究劳动 L 这个生产要素与产量之间的函数关系,也可以表示为 $Q = f(L)$。

经济学中的长期分析是指厂商可以调整其所有投入的生产要素,考察要素投入对产出的影响,长期生产函数通常表示为:$Q = f(L, K)$,即研究 L、K 这两种生产要素同时变动与产量之间的函数关系。

实 例 分 析

柯布-道格拉斯生产函数是数学家柯布与经济学家道格拉斯合作,针对美国1899至1922年的统计数据,研究劳动和资本这两种生产要素与产量之间的关系,得出了当时的生产函数为

$$Q = AL^\alpha K^\beta。$$

其中,Q 为因变量,即产量;L、K 分别为自变量,即劳动和资本;α 是一个小于1的正数,$\alpha + \beta = 1$。经过大量数据推算得到最终的生产函数为

$$Q = 1.01 L^{0.75} K^{0.25},$$

上式意味着当时美国社会的情况是,劳动与资本两种生产要素的配合比率为 3:1,即在

生产中使用3个单位的劳动和一个单位的资本,3∶1就是该生产函数的技术系数。

3. 利润函数

利润是收入(收益)与成本的差值,由于成本与收益均为产量的函数,因此,利润也是关于产量的函数。

(1) 成本函数

总成本是指生产一定数量的某种产品所耗费的全部成本,用 C 表示,短期分析中它分为固定成本和变动成本两部分。固定成本是指成本的发生不随产量 q 的变动而变动,如厂房、设备维修、企业管理费用等,用 C_1 表示;变动成本是指成本的发生随产量而变动,如原材料、动力费等,用 C_2 表示,记作 $C_2(q)$,那么总成本函数表示为

$$C=C(q)=C_1+C_2(q)。$$

平均成本是指厂商生产一单位产品所需支付的成本,用 $\overline{C}$ 表示,包括平均固定成本和平均变动成本。平均固定成本是单位产品所耗费的固定成本,用 $\dfrac{C_1}{q}$ 表示,平均变动成本是单位产品所耗费的变动成本,用 $\dfrac{C_2(q)}{q}$ 表示,那么平均总成本可记为

$$\overline{C}=\overline{C}(q)=\frac{C(q)}{q}=\frac{C_1}{q}+\frac{C_2(q)}{q}。$$

例 2-12 已知某产品的总成本函数为 $C=50+2q+\dfrac{1}{4}q^2$,求产量为 20 单位时的总成本和平均成本。

解:产量为 20 单位的总成本为 $C=C(20)=50+2\times20+\dfrac{1}{4}\times20^2=190$,

产量为 20 单位的平均成本为 $\overline{C}=\overline{C}(20)=\dfrac{C(q)}{q}=\dfrac{190}{20}=9.5$。

(2) 收入函数

收入是指厂商销售产品所得的收入,在经济学中也称为收益,是产品价格与产品销售量的乘积。收入又分为总收入和平均收入。总收入是厂商销售一定量产品所得的全部收入,即

$$R=R(q)=p \cdot q$$

表示为总收入函数,其中,R 表示总收入,q 为商品的销售量,p 为商品的价格,价格有时候为常量,有时候也表现为销售量 q 的函数,因此总收入是关于销售量的函数。

平均收入是指厂商销售每一单位产品平均所得的收入,即为单位产品的平均价格,我们称

$$\overline{R}=\overline{R}(q)=\frac{R(q)}{q}$$

为平均收入函数,其中 $\overline{R}$ 表示平均收入,q 为商品的销售量。收入中既包含了产品的成本,又包括了厂商的利润。

例 2-13 由于近期出现灾害天气,蔬菜的价格大涨,某农民以每千克 10 元的价格销售了其收获的 2 000 千克的大蒜,求该农民的总收入。

解:
$$R = P \cdot q = 10 \times 2\,000 = 2 \text{ 万元}$$

例 2-14 设某产品的价格为销售量的函数,即 $P = \frac{1}{4}q + 10$,求销售量为 10 单位时的总收入和平均收入。

解: 由总收入函数,得
$$R = R(q) = P \cdot q = \left(\frac{1}{4}q + 10\right) \cdot q = \frac{1}{4}q^2 + 10q,$$

当 $q = 10$ 时,总收入 R 为
$$R(10) = \frac{1}{4}q^2 + 10q = \frac{1}{4} \times 10^2 + 10 \times 10 = 125,$$

平均收入为
$$\overline{R}(10) = \frac{R(10)}{q} = \frac{1}{4}q + 10 = 12.5。$$

(3) 利润函数

利润是总收入与总成本之间的差额。如果用 L 表示利润,q 表示产量,并假设厂商的全部产品都能销售出去,则产量即是销售量,那么总利润函数可以表示为
$$L = L(q) = R(q) - C(q)。$$

例 2-15 某厂商生产某种产品,单价为 50 元,厂商的总成本函数为 $C = 2q^2 - 4q + 5$,q 为产品的数量,求厂商的利润函数。

解: 由题意可知利润函数如下:
$$L = R(q) - C(q) = 50q - (2q^2 - 4q + 5) = 54q - 2q^2 - 5。$$

例 2-16 某企业生产某产品,产量为 q,总收入函数为 $R = 24q - 2q^2$,总成本函数为 $C = q^2 + 5$,求该企业的利润函数。

解: 利润函数如下:
$$L = R(q) - C(q) = 24q - 2q^2 - (q^2 + 5) = 24q - 3q^2 - 5。$$

练 习 2.5

1. 假定某市场鸡蛋的数量与价格 P 为线性关系,当价格为 10 元每千克时,可销售 50 千克;当价格为 8 元每千克时,可销售 75 千克,求需求函数。

2. 已知某地玉米的收购价格为每千克 10 元,能够收购 2 000 千克,若收购价格提高至每千克 12 元,能够收购 2 500 千克,求玉米的供给函数。

3. 某企业总的固定成本为 1 000 万元,平均总成本 50 万元,平均可变成本为 10 万

元,求企业现在的产量。

4. 已知某厂商的成本函数为 $C=q^3-6q^2+30q+40$,假设产品价格为 66 元。求利润函数。

5. 在市场中,某商品的市场需求函数为 $D=Q^d=10-2P$;供给函数为 $S=Q^s=4P-2$。

(1) 求出均衡价格与均衡产销量。

(2) 假定消费者收入增加了,其个人需求曲线向右移动 6 个单位,求收入变化后的市场需求函数、均衡价格和均衡产销量。

(3) 假定生产者的技术水平有了很大提高,供给曲线向右移动 6 个单位,求技术变化后的市场供给函数、均衡价格和均衡产销量。

综合思考

1. 现有某地区某农产品市场的价格及供需情况如表 2-4：

表 2-4

价格/(万元·吨$^{-1}$)	需求量/吨	供给量/吨
1	1 250	700
2	1 100	780
3	900	900
4	800	1 050
5	750	1 200

(1) 根据表 2-4 的数据画出市场的需求曲线和供给曲线,找出市场的均衡价格和均衡数量;

(2) 假设由于政府为了支持农业的发展而规定了该农产品的价格为 3.5 万元/吨,那么会出现什么结果,对社会经济的发展产生什么影响,试着从长期与短期两个不同的角度进行分析。

2. 2020 年初,世界原油价格一度暴跌,甚至进入负数区域,请运用供需函数决定的价格机制分析其内在的原因。

习 题 2

1. 填空题

(1) 函数 $f(x)=\dfrac{1}{\sqrt{16-x^2}}+\arcsin\dfrac{2}{x-1}$ 的定义域为_____。

(2) 函数 $f(x)=\arcsin\left(\ln\dfrac{x}{10}\right)$ 的定义域为_____。

(3) 函数 $y=\ln\dfrac{1+x}{1-x}$ 的定义域为_____。

(4) 若 $f(x)=\sqrt[n]{a-x^n}\,(x>0)$，则 $f[f(x)]=$_____。

(5) 若 $f(x)=\dfrac{1}{1-x}$，则 $f\left[f\left(\dfrac{1}{x}\right)\right]=$_____。

(6) 若 $f(x)=\dfrac{x-1}{x+1}$，则 $f[f(x)]=$_____。

(7) 函数 $y=2^x+2$ 的反函数为_____。

(8) 函数 $y=\begin{cases} x^2, & 0\leqslant x\leqslant 1 \\ \sqrt{x}, & x>1 \end{cases}$ 的反函数为_____。

(9) 函数 $y=-\sqrt{x-1}$ 的反函数为_____。

(10) 函数 $y=1+\cos\dfrac{\pi}{2}x$ 的最小正周期为_____。

2. 单项选择题

(1) 函数 $f(x)=\sqrt{\lg\dfrac{5x-x^2}{4}}$ 的定义域为(　　)。

A. $(1,4)$　　　　　　　　　　B. $[-4,-1]$

C. $(-4,-1)$　　　　　　　　　D. $[1,4]$

(2) 函数 $f(x)=\sqrt{\ln(2x+7)}$ 的定义域为(　　)。

A. $(0,+\infty)$　　　　　　　　B. $\left[-\dfrac{7}{2},+\infty\right]$

C. $\left(-\dfrac{7}{2},+\infty\right)$　　　　　　D. $[-3,+\infty]$

(3) 设 $f(x)$ 的定义域为 $(-\infty,0)$ 则函数 $f(\ln x)$ 的定义域为(　　)。

A. $(0,+\infty)$　　　　　　　　B. $(0,1]$

C. $(1,+\infty)$　　　　　　　　D. $(0,1)$

(4) 函数 $f(x)=\ln x^2$ 与 $g(x)=2\ln(-x)$ 相同的区间为(　　)。

A. $(-\infty,0)$　　　　　　　　B. $(0,+\infty)$

C. $(-\infty,+\infty)$　　　　　　D. $(-1,1)$

(5) 下列四组函数中 $f(x)$ 与 $g(x)$ 表示同一函数的为(　　)。

A. $f(x)=x,g(x)=(\sqrt{x})^2$　　　B. $f(x)=1,g(x)=\dfrac{x}{x}$

C. $f(x)=x,g(x)=\sqrt[3]{x^3}$　　　D. $f(x)=1,g(x)=x^0$

(6) 若 $f(x)=x^2,\varphi(x)=2^{-x}$ 则 $f[\varphi(3)]=$(　　)。

A. 64　　　　　　　　　　　B. 16

C. $\dfrac{1}{64}$　　　　　　　　　　D. $\dfrac{1}{16}$

(7) 设 $f(x)=\dfrac{x}{1-x}$，$g(x)=\dfrac{1}{x}$，则 $f[g(x)]($　　$)$。

A. $x-1$ B. $1-x$

C. $\dfrac{1}{x-1}$ D. $\dfrac{1}{1-x}$

(8) 下列函数中(　　)是偶函数。

A. $y=\dfrac{e^x-e^{-x}}{2}$ B. $y=x\ln\dfrac{1-x}{1+x}$

C. $y=\ln(x+\sqrt{1+x^2})$ D. $y=\sin x+\cos x$

(9) 下列函数中是奇函数的是(　　)。

A. $y=x\ln\dfrac{1-x}{1+x}$ B. $y=\sin x+\cos x$

C. $y=\dfrac{e^x+e^{-x}}{2}$ D. $y=\ln(x+\sqrt{1+x^2})$

(10) 函数 $y=\dfrac{1-x}{1+x}$ 的反函数 $y=($　　$)$。

A. $\dfrac{1+x}{1-x}$ B. $-\dfrac{1-x}{1+x}$

C. $\dfrac{1-x}{1+x}$ D. $-\dfrac{1+x}{1-x}$

(11) 函数 $y=\dfrac{2^x}{2^x+1}$ 的反函数 $y=($　　$)$。

A. $\log_2\dfrac{x}{1-x}$ B. $\log_2\dfrac{x}{1+x}$

C. $\log_2\dfrac{1+x}{1-x}$ D. $\log_2\dfrac{1-x}{x}$

(12) 函数 $y=\sin\dfrac{1}{\sqrt{1+x^2}}$ 是由哪些简单函数复合而成的(　　)。

A. $y=\sin\dfrac{1}{u}$，$u=\sqrt{1+x^2}$ B. $y=\sin u$，$u=\dfrac{1}{\sqrt{1+x^2}}$

C. $y=\sin u$，$u=\dfrac{1}{v}$，$v=\sqrt{w}$，$w=1+x^2$ D. $\sin u$，$u=v^{-\frac{1}{2}}$，$v=1+x^2$

3. 解答题

(1) 求函数 $f(x)=\dfrac{x+3}{\sqrt{x^2-9}}+\arccos\sqrt{x-4}$ 的定义域。

(2) 求函数 $y=\begin{cases}x, & x<1 \\ x^2, & 1\leqslant x\leqslant 4 \\ 2^x, & x>4\end{cases}$ 的反函数及反函数的定义域。

第 3 章 函数的极限

本章导读

极限是微积分中最重要的基本概念之一,微积分中的很多概念都是由极限定义和表达的。本章介绍极限的概念、无穷小、无穷大等概念,极限的计算方法等。本章学习的基本要求:

1. 了解函数极限的概念;
2. 了解无穷小与无穷大的概念;
3. 掌握极限的四则运算法则;
4. 知道极限存在的两个准则,会用两个重要极限求极限。

思维导图

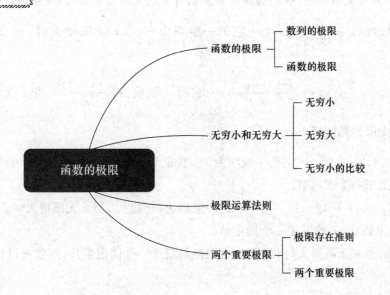

3.1 函数的极限

3.1.1 数列的极限

1. 数列

按一定规则排列的无穷多个数 $x_1,x_2,x_3,\cdots,x_n,\cdots$ 称为数列,简记为 $\{x_n\}$。其中 x_1 叫第一项,x_2 叫第二项,x_n 叫第 n 项,x_n 也叫数列 $\{x_n\}$ 的**一般项**(或**通项**)。例如

$$1,\frac{1}{2},\frac{1}{3},\cdots,\frac{1}{n},\cdots$$

$$0,\frac{3}{2},\frac{2}{3},\frac{5}{4},\frac{4}{5},\cdots,\frac{n+(-1)^n}{n},\cdots$$

$$2,4,8,\cdots,2^n,\cdots$$

$$1,-1,1,\cdots,(-1)^{n-1},\cdots$$

都是数列,它们的一般项分别为 $\frac{1}{n}$,$\frac{n+(-1)^n}{n}$,2^n 和 $(-1)^{n-1}$。

如果数列 $\{x_n\}$ 满足 $x_1 \leqslant x_2 \leqslant x_3 \leqslant \cdots \leqslant x_n \leqslant \cdots$,则称数列 $\{x_n\}$ **单调增加的**;如果数列 $\{x_n\}$ 满足 $x_1 \geqslant x_2 \geqslant x_3 \geqslant \cdots \geqslant x_n \geqslant \cdots$,则称数列 $\{x_n\}$ **单调减少的**;单调增加或单调减少数列统称**单调数列**。

2. 数列的极限

一个数列有无穷多项,我们通常是研究随着 n 的无限增加,x_n 的变化的趋势。

例如 数列 $1,\frac{1}{2},\frac{1}{3},\cdots,\frac{1}{n},\cdots$ 它的一般项为 $\frac{1}{n}$,当 n 无限增大时,$\frac{1}{n}$ 无限的趋近于零。

数列 $0,\frac{3}{2},\frac{2}{3},\frac{5}{4},\cdots,\frac{n+(-1)^n}{n},\cdots$ 它的一般项为 $\frac{n+(-1)^n}{n}$,当 n 无限增大时,$\frac{n+(-1)^n}{n}$ 无限的趋近于 1。

数列 $2,4,8,\cdots,2^n,\cdots$ 它的一般项为 2^n,当 n 无限增大时,2^n 将随着 n 的增大而无限增大,不趋近于一个固定数。

数列 $1,-1,1,\cdots,(-1)^{n-1},\cdots$ 它的一般项为 $(-1)^{n-1}$,当 n 无限增大时,x_n 总在 1 和 -1 两个数上跳跃,不趋近于一个固定数。

一般地,当 n 无限增大时,如果 x_n 无限地趋近于一个固定常数,则数列以这个常数为极限。

定义 3.1 对于数列 $\{x_n\}$，如果当 n 无限增大时，x_n 趋于一个固定常数 A，则称当 n 趋于无穷大时，数列 $\{x_n\}$ 以 A 为极限，记作

$$\lim_{n\to\infty} x_n = A \quad \text{或} \quad x_n \to A(n\to\infty)。$$

亦称数列 $\{x_n\}$ 收敛于 A，如果数列 $\{x_n\}$ 无极限，则称数列 $\{x_n\}$ 发散。

如 $\lim\limits_{n\to\infty}\dfrac{1}{n}=0$，$\lim\limits_{n\to\infty}\dfrac{n+(-1)^n}{n}=1$，数列 $\{2^n\}$ 和 $\{(-1)^{n-1}\}$ 发散。

3.1.2 函数的极限

前面我们讨论了数列的极限，数列 $\{x_n\}$ 可以看作自变量为正整数 n 的函数 $x_n=f(n)$，所以数列的极限可以看作是函数极限的一种类型，即自变量取正整数 n 且无限增大时函数 $x_n=f(n)$ 的极限。下面我们讨论一般函数的极限。

1. $x\to\infty$ 时，函数 $f(x)$ 的极限

定义 3.2 如果当 x 的绝对值无限增大时，函数 $f(x)$ 趋于一个确定的常数 A，则称当 x 趋于无穷时，函数 $f(x)$ 以 A 为极限，记作

$$\lim_{x\to\infty} f(x) = A \quad \text{或} \quad f(x) \to A(x\to\infty)。$$

例如 $\lim\limits_{x\to\infty}\dfrac{1}{x}=0$，$\lim\limits_{x\to\infty}\dfrac{1}{1+x^2}=0$。

定义 3.3 如果 $x>0$ 且无限增大时，函数 $f(x)$ 趋于一个确定的常数 A，则称当 x 趋于正无穷时，函数 $f(x)$ 以 A 为极限，记作

$$\lim_{x\to+\infty} f(x) = A \quad \text{或} \quad f(x) \to A(x\to+\infty)。$$

例如 $\lim\limits_{x\to+\infty}\dfrac{1}{x}=0$，$\lim\limits_{x\to+\infty}\dfrac{1}{2^x}=0$，$\lim\limits_{x\to+\infty}\arctan x=\dfrac{\pi}{2}$。

定义 3.4 如果 $x<0$ 绝对值无限增大时，函数 $f(x)$ 趋于一个确定的常数 A，则称当 x 趋于负无穷时，函数 $f(x)$ 以 A 为**极限**，记作

$$\lim_{x\to-\infty} f(x) = A \quad \text{或} \quad f(x) \to A(x\to-\infty)。$$

例如 $\lim\limits_{x\to-\infty}\dfrac{1}{x}=0$，$\lim\limits_{x\to-\infty}\arctan x=-\dfrac{\pi}{2}$。

直观上有：

$$\lim_{x\to\infty}\frac{1}{x}=0,$$

$$\lim_{x\to+\infty}\frac{1}{a^x}=0(a>1),$$

$$\lim_{x\to-\infty}\frac{1}{a^x}=0(a<1)。$$

2. $x \to x_0$ 时,函数 $f(x)$ 的极限

定义 3.5 设函数 $f(x)$ 在点 x_0 的某邻域(x_0 可除外)内有定义,如果当 x 趋于 x_0 ($x \neq x_0$)时,函数 $f(x)$ 趋于常数 A,则常数 A 称为函数 $f(x)$ 当 x 趋于 x_0 时的极限,记作

$$\lim_{x \to x_0} f(x) = A \quad \text{或} \quad f(x) \to A \ (x \to x_0)。$$

亦称当 x 趋于 x_0 时,函数 $f(x)$ 的极限存在,否则称当 x 趋于 x_0 时,函数 $f(x)$ 无极限。

例如 $\lim_{x \to 2} x = 2, \lim_{x \to 2} x^2 = 4, \lim_{x \to 3}(x-1) = 2, \lim_{x \to x_0} C = C$($C$ 为常数)。

注意:函数 $f(x)$ 在点 x_0 是否有极限与 $f(x)$ 在点 x_0 是否有定义无关,如 $f(x) = \dfrac{x^2-1}{x-1}$ 在 $x = 1$ 点没有定义,但 $\lim\limits_{x \to 1} \dfrac{x^2-1}{x-1} = \lim\limits_{x \to 1}(x+1) = 2$。

3. 函数的左右极限

左极限:设函数 $f(x)$ 在点 x_0 的左邻域(x_0 可除外)内有定义,如果当 x 趋于 x_0 时,函数 $f(x)$ 趋于常数 A,则常数 A 称为函数 $f(x)$ 当 x 趋于 x_0 时的左极限,记作

$$\lim_{x \to x_0^-} f(x) = A \quad \text{或} \quad \lim_{x \to x_0 - 0} f(x) = A。$$

右极限:设函数 $f(x)$ 在点 x_0 的右邻域(x_0 可除外)内有定义,如果当 x 趋于 x_0 时,函数 $f(x)$ 趋于常数 A,则常数 A 称为函数 $f(x)$ 当 x 趋于 x_0 时的右极限,记作

$$\lim_{x \to x_0^+} f(x) = A \quad \text{或} \quad \lim_{x \to x_0 + 0} f(x) = A。$$

例 3-1 设函数 $f(x) = \begin{cases} x, & x \leq 0, \\ x^2+1, & x > 0, \end{cases}$ 求 $\lim\limits_{x \to 0^-} f(x)$ 和 $\lim\limits_{x \to 0^+} f(x)$。

解:函数的图形见图 3-1,则

$$\lim_{x \to 0^-} f(x) = \lim_{x \to 0^-} x = 0,$$

$$\lim_{x \to 0^+} f(x) = \lim_{x \to 0^+} (x^2+1) = 1。$$

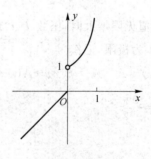

图 3-1

函数 $f(x)$ 在点 x_0 的左、右极限与 $x \to x_0$ 的极限关系如下。

定理 3.1 当 $x \to x_0$ 时,函数 $f(x)$ 极限存在的充分必要条件是函数 $f(x)$ 的左右极限存在且相等。即

若 $\lim\limits_{x \to x_0} f(x) = A$，则 $\lim\limits_{x \to x_0^-} f(x) = \lim\limits_{x \to x_0^+} f(x) = A$；反之，若 $\lim\limits_{x \to x_0^-} f(x) = \lim\limits_{x \to x_0^+} f(x) = A$ 则 $\lim\limits_{x \to x_0} f(x) = A$。

如例 3-1，因为 $\lim\limits_{x \to 0^-} f(x) = \lim\limits_{x \to 0^-} x = 0 \neq \lim\limits_{x \to 0^+} f(x) = \lim\limits_{x \to 0^+} (x^2 + 1) = 1$，所以，当 $x \to 0$ 时，$f(x)$ 的极限不存在。

练习 3.1

1. 观察下列数列的变化趋势，如有极限，写出它的极限。

(1) $\{x_n\} = \left\{\dfrac{2n-1}{n+1}\right\}$ 　　　　　(2) $\{x_n\} = \left\{\dfrac{1+(-1)^n}{n}\right\}$

(3) $\{x_n\} = \left\{\dfrac{n+(-1)^n}{n}\right\}$ 　　　　　(4) $\{x_n\} = \left\{\dfrac{n+(-1)^n n}{n}\right\}$

(5) $\{x_n\} = \left\{\dfrac{n^2-2n+1}{n+1}\right\}$

2. 画出函数

$$f(x) = \begin{cases} x+1, & x<0 \\ 0, & x=0 \\ x^2-2, & x>0 \end{cases}$$

的图形，并判断 $\lim\limits_{x \to 0} f(x)$ 是否存在。

3.2 无穷小和无穷大

3.2.1 无穷小

1. 无穷小的定义

定义 3.6 如果当 $x \to x_0$（或 $x \to \infty$）时，函数 $f(x)$ 的极限为零，则称当 $x \to x_0$（或 $x \to \infty$）时，$f(x)$ 为**无穷小量**，简称**无穷小**。

如 $\lim\limits_{x \to \infty} \dfrac{1}{x^2} = 0$，所以 $\dfrac{1}{x^2}$ 是当 $x \to \infty$ 时的无穷小；$\lim\limits_{x \to 1}(x-1) = 0$，所以 $x-1$ 是当 $x \to 1$ 时的无穷小。

注意：0 是无穷小，除 0 以外，任意常数都不是无穷小。

2. 无穷小的性质

性质 1 同一极限过程中两个无穷小的代数和还是无穷小。

性质 2 有界函数或常数与无穷小的乘积还是无穷小。

性质 3 无穷小与无穷小的乘积还是无穷小。

例如 $\lim\limits_{x\to 0} x\sin\dfrac{1}{x}=0$，因为 $x\to 0$ 时，x 是无穷小量，$\left|\sin\dfrac{1}{x}\right|\leqslant 1$ 有界，所以，$x\to 0$ 时 $x\sin\dfrac{1}{x}$ 为无穷小。

3.2.2 无穷大

1. 无穷大的定义

定义 3.7 如果当 $x\to x_0$ (或 $x\to\infty$)时，函数 $f(x)$ 的绝对值 $|f(x)|$ 无限增大，则称当 $x\to x_0$ (或 $x\to\infty$)时，$f(x)$ 为**无穷大量**，简称**无穷大**，记为

$$\lim_{x\to x_0} f(x)=\infty \ (或 \lim_{x\to\infty} f(x)=\infty)。$$

例如 $\lim\limits_{x\to 0}\dfrac{1}{x}=\infty$，$\lim\limits_{x\to\frac{\pi}{2}}\tan x=\infty$，$\lim\limits_{x\to+\infty} e^x=\infty$。

注意：$\lim\limits_{x\to x_0} f(x)=\infty$ 只是一种记号，并不意味函数有极限，只表示在 $x\to x_0$ 过程中函数的绝对值无限增大的状态。极限必须是确定的常数。

在变化过程中，如果 $f(x)>0$，则记作 $\lim\limits_{x\to x_0} f(x)=+\infty$；如果 $f(x)<0$，则记作 $\lim\limits_{x\to x_0} f(x)=-\infty$。

例如 $\lim\limits_{x\to\frac{\pi}{2}^-}\tan x=+\infty$，$\lim\limits_{x\to\frac{\pi}{2}^+}\tan x=-\infty$。

2. 无穷大与无穷小的关系

定理 3.2 在自变量的同一变化过程中，如果 $f(x)$ 为无穷大，则 $\dfrac{1}{f(x)}$ 为无穷小；反之，如果 $f(x)$ 为无穷小，且 $f(x)\neq 0$，则 $\dfrac{1}{f(x)}$ 为无穷大。

例如 $\lim\limits_{x\to\frac{\pi}{2}}\tan x=\infty$，$\lim\limits_{x\to\frac{\pi}{2}}\dfrac{1}{\tan x}=0$，$\lim\limits_{x\to 0} x^2=0$，$\lim\limits_{x\to 0}\dfrac{1}{x^2}=\infty$。

3.2.3 无穷小的比较

由无穷小的性质可知，两个无穷小的和、差、积还是无穷小，但两个无穷小的商会怎样呢？

先看几个例子：

当 x 趋于零时，x、x^2、$x\sin\dfrac{1}{x}$ 都是无穷小，但 $\lim\limits_{x\to 0}\dfrac{x^2}{x}=\lim\limits_{x\to 0}x=0$，$\lim\limits_{x\to 0}\dfrac{x}{x^2}=\lim\limits_{x\to 0}\dfrac{1}{x}=\infty$，$\lim\limits_{x\to 0}\dfrac{x\sin\dfrac{1}{x}}{x}=\lim\limits_{x\to 0}\sin\dfrac{1}{x}$ 无极限。两个无穷小的商是比较复杂的。为什么呢？因为不同的无穷小趋于零的快慢、方式是不同的。

定义 3.8 设 $\alpha(x)$，$\beta(x)$ 是同一变化过程中的无穷小，且 $\alpha(x)\neq 0$，则

(1) 若 $\lim\dfrac{\beta(x)}{\alpha(x)}=0$，则称 $\beta(x)$ 是比 $\alpha(x)$ 高阶的无穷小，记为 $\beta(x)=o(\alpha(x))$。

(2) 若 $\lim\dfrac{\beta(x)}{\alpha(x)}=\infty$，则称 $\beta(x)$ 是比 $\alpha(x)$ 低阶的无穷小。

(3) 若 $\lim\dfrac{\beta(x)}{\alpha(x)}=C$（$C$ 是不等于 0 的常数），则称 $\beta(x)$ 与 $\alpha(x)$ 是同阶无穷小。

特别地，如果 $C=1$，则称 $\beta(x)$ 与 $\alpha(x)$ 是等价无穷小。

(4) 若 $\lim\dfrac{\beta(x)}{\alpha(x)}$ 不存在（也不为 ∞），则 $\beta(x)$ 与 $\alpha(x)$ 不能比较。

练 习 3.2

判断下列函数的变化趋势。

(1) $f(x)=\dfrac{x-3}{x}$，$x\to 3$

(2) $f(x)=x\sin\dfrac{1}{x}$，$x\to 0$

(3) $f(x)=\dfrac{1+2x}{x}$，$x\to 0$

(4) $f(x)=\dfrac{x^2+1}{x+1}$，$x\to\infty$

3.3 极限运算法则

定理 3.3 设 $\lim f(x)=A$，$\lim g(x)=B$，则

(1) $\lim[f(x)\pm g(x)]=A\pm B$；

(2) $\lim[f(x)\cdot g(x)]=A\cdot B$；

$\lim Cf(x)=CA$（C 为常数）；

$\lim[f(x)]^n=A^n$（n 为正整数）；

(3) $\lim\dfrac{f(x)}{g(x)}=\dfrac{A}{B}$（$B\neq 0$）。

定理 3.3 中记号 lim 可以是任一极限过程（$x\to x_0$，$x\to x_0^+$，$x\to x_0^-$，$x\to\infty$，$x\to+\infty$，

$x \to -\infty$),但必须是同一极限过程。

例 3-2 计算 $\lim\limits_{x \to 2}(x^2+3x-1)$。

解：$\lim\limits_{x \to 2}(x^2+3x-1) = \lim\limits_{x \to 2}x^2 + \lim\limits_{x \to 2}3x - \lim\limits_{x \to 2}1 = 2^2 + 3 \times 2 - 1 = 9$。

例 3-3 计算 $\lim\limits_{x \to 2}\dfrac{x^3-1}{x^2-5x+3}$。

解：$\lim\limits_{x \to 2}\dfrac{x^3-1}{x^2-5x+3} = \dfrac{\lim\limits_{x \to 2}(x^3-1)}{\lim\limits_{x \to 2}(x^2-5x+3)} = \dfrac{\lim\limits_{x \to 2}x^3 - \lim\limits_{x \to 2}1}{\lim\limits_{x \to 2}x^2 - \lim\limits_{x \to 2}5x + \lim\limits_{x \to 2}3} = \dfrac{2^3-1}{4-10+3} = -\dfrac{7}{3}$。

例 3-4 计算 $\lim\limits_{x \to 2}\dfrac{x^2-x-2}{x^2-4}$。

解：$\lim\limits_{x \to 2}(x^2-4)=0$，不能直接应用极限运算法则，但是 $\lim\limits_{x \to 2}(x^2-x-2)$ 也等于零，所以可以先将分子分母的零因子 $x-2$ 约去以后再进行计算，即

$$\lim\limits_{x \to 2}\dfrac{x^2-x-2}{x^2-4} = \lim\limits_{x \to 2}\dfrac{(x-2)(x+1)}{(x-2)(x+2)} = \lim\limits_{x \to 2}\dfrac{x+1}{x+2} = \dfrac{3}{4}。$$

例 3-5 计算 $\lim\limits_{x \to 2}\dfrac{x^2+2}{x^2-4}$。

解：$\lim\limits_{x \to 2}(x^2-4)=0$，而 $\lim\limits_{x \to 2}(x^2+2)=6 \neq 0$，可以考虑函数的倒数，有

$$\lim\limits_{x \to 2}\dfrac{x^2-4}{x^2+2} = \lim\limits_{x \to 2}\dfrac{0}{6} = 0,$$

所以

$$\lim\limits_{x \to 2}\dfrac{x^2+2}{x^2-4} = \infty。$$

例 3-6 计算 $\lim\limits_{x \to -1}\left(\dfrac{1}{x+1} - \dfrac{3}{x^3+1}\right)$。

解：当 $x \to -1$ 时，$\dfrac{1}{x+1}$，$\dfrac{3}{x^3+1}$ 都没有极限，不能应用和的极限运算法则。

将 $\dfrac{1}{x+1} - \dfrac{3}{x^3+1}$ 通分化简，有

$$\lim\limits_{x \to -1}\left(\dfrac{1}{x+1} - \dfrac{3}{x^3+1}\right) = \lim\limits_{x \to -1}\dfrac{x^2-x+1-3}{(x+1)(x^2-x+1)}$$

$$= \lim\limits_{x \to -1}\dfrac{x^2-x-2}{(x+1)(x^2-x+1)}$$

$$= \lim\limits_{x \to -1}\dfrac{(x+1)(x-2)}{(x+1)(x^2-x+1)}$$

$$= \lim\limits_{x \to -1}\dfrac{x-2}{x^2-x+1} = -1。$$

例 3-7 计算 $\lim\limits_{x \to \infty}\dfrac{2x^2-2x+3}{3x^2+1}$。

解：当 $x \to \infty$ 时，分子分母都是无穷大，不能应用极限运算法则，将分子分母除以

x^2,有

$$\lim_{x\to\infty}\frac{2x^2-2x+3}{3x^2+1}=\lim_{x\to\infty}\frac{2-\frac{2}{x}+\frac{3}{x^2}}{3+\frac{1}{x^2}}=\frac{2}{3}。$$

一般地,有如下结论

$$\lim_{x\to\infty}\frac{a_m x^m+a_{m-1}x^{m-1}+\cdots+a_1 x+a_0}{b_n x^n+b_{n-1}x^{n-1}+\cdots+b_1 x+b_0}=\begin{cases}0, & \text{当 }n>m \\ \frac{a_m}{b_n}, & \text{当 }n=m。 \\ \infty, & \text{当 }n<m\end{cases}$$

例如 $\lim_{x\to\infty}\frac{(x+1)^3+3}{3x^2+1}=\infty$。

例 3-8 计算 $\lim_{n\to\infty}\left(\frac{1}{n^2}+\frac{2}{n^2}+\cdots+\frac{n}{n^2}\right)$。

解: 当 $n\to\infty$ 时,括号内的每一项都是无穷小,但有无穷多项,不能应极限运算法则和无穷小的性质,可以先求和做恒等变形后,再求极限,即

$$\lim_{n\to\infty}\left(\frac{1}{n^2}+\frac{2}{n^2}+\cdots+\frac{n}{n^2}\right)=\lim_{n\to\infty}\frac{1}{n^2}(1+2+\cdots+n)=\lim_{n\to\infty}\frac{1}{n^2}\cdot\frac{n(n+1)}{2}=\frac{1}{2}。$$

练 习 3.3

求下列极限。

(1) $\lim_{x\to 2}(x^2-2x+1)$

(2) $\lim_{x\to-2}\frac{x^2+2x+3}{x^2+1}$

(3) $\lim_{x\to\sqrt{5}}\frac{x^2-5}{x^2+1}$

(4) $\lim_{x\to 3}\frac{x+3}{x-3}$

(5) $\lim_{x\to-2}\frac{x^2-3x-10}{x^2-4}$

(6) $\lim_{x\to 2}\left(\frac{1}{x-2}-\frac{4}{x^2-4}\right)$

(7) $\lim_{x\to\infty}\left(2-\frac{1}{x}+\frac{1}{x^2}\right)$

(8) $\lim_{x\to\infty}\left(1+\frac{1}{x}\right)\left(2-\frac{1}{x^2}\right)$

(9) $\lim_{x\to\infty}\frac{3x^2-3x+1}{2x^2-4}$

(10) $\lim_{n\to+\infty}\frac{(n+1)(2n-3)(n+4)}{3n^2-4n^3}$

(11) $\lim_{n\to+\infty}\left(\frac{1}{1\cdot 2}+\frac{1}{2\cdot 3}+\cdots+\frac{1}{n\cdot(n+1)}\right)$ $\left(\text{提示}:\frac{1}{n\cdot(n+1)}=\frac{1}{n}-\frac{1}{n+1}\right)$

3.4 两个重要极限

3.4.1 极限存在准则

准则1(夹逼定理) 假设在包含 x_0 的某开区间(x_0 可以除外)内,满足

(1) $g(x) \leqslant f(x) \leqslant h(x)$,

(2) $\lim\limits_{x \to x_0} g(x) = \lim\limits_{x \to x_0} h(x) = A$,

则必有 $\lim\limits_{x \to x_0} f(x) = A$。

例 3-9 证明 $\lim\limits_{x \to 0} \cos x = 1$。

证明:因为 $0 \leqslant 1 - \cos x = 2\sin^2 \dfrac{x}{2} \leqslant 2\left(\dfrac{x}{2}\right)^2 = \dfrac{x^2}{2}$($x$ 大于 0 时,$\sin x < x$),

又 $\lim\limits_{x \to 0} \dfrac{x^2}{2} = 0$,所以 $\lim\limits_{x \to 0}(1 - \cos x) = 0$,即 $\lim\limits_{x \to 0} \cos x = 1$。

准则2 单调有界数列必有极限。

3.4.2 两个重要极限

1. 第一个重要极限

$$\lim_{x \to 0} \frac{\sin x}{x} = 1。$$

证明:函数 $\dfrac{\sin x}{x}$ 除 $x = 0$ 外都有定义,并且是偶函数,所以只要证明 $\lim\limits_{x \to 0^+} \dfrac{\sin x}{x} = 1$ 即可。作单位圆,如图 3-2 所示,设圆心角 $\angle AOB = x$ $\left(因为 x \to 0^+,所以可取 0 < x < \dfrac{\pi}{2}\right)$,过 A 点作圆 O 的切线交 OB 延长线于 D,又 $BC \perp OA$,则

$$\sin x = BC, \quad \tan x = AD, \quad x = \overset{\frown}{AB}。$$

因为,$\triangle AOB$ 的面积 $<$ 扇形 AOB 的面积 $< \triangle AOD$ 的面积,所以

$$\frac{1}{2}\sin x < \frac{1}{2}x < \frac{1}{2}\tan x,$$

不等式同除以 $\dfrac{1}{2}\sin x$,有

$$1 < \frac{x}{\sin x} < \frac{1}{\cos x} \quad 或 \quad \cos x < \frac{\sin x}{x} < 1,$$

因为 $\lim\limits_{x\to 0}\cos x=1, \lim\limits_{x\to 0}1=1$,所以由准则 1,可得

$$\lim_{x\to 0^+}\frac{\sin x}{x}=1,$$

所以,$\lim\limits_{x\to 0}\frac{\sin x}{x}=1$。

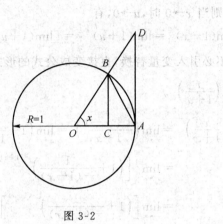

图 3-2

例 3-10 求 $\lim\limits_{x\to 0}\frac{\sin 2x}{x}$。

解:令 $u=2x$,则当 $x\to 0$ 时,$u=2x\to 0$,

$$\lim_{x\to 0}\frac{\sin 2x}{x}=\lim_{u\to 0}\frac{2\sin u}{u}=2\lim_{u\to 0}\frac{\sin u}{u}=2。$$

例 3-11 求 $\lim\limits_{x\to 2}\frac{\sin(x-2)}{x-2}$。

解:令 $u=x-2$,则当 $x\to 2$ 时,$u=x-2\to 0$,

$$\lim_{x\to 2}\frac{\sin(x-2)}{x-2}=\lim_{u\to 0}\frac{\sin u}{u}=1。$$

在计算熟练后可以不必引入变量替换,直接变成公式的形式即可。

例 3-12 求 $\lim\limits_{x\to\infty}x\sin\frac{1}{x}$。

解:
$$\lim_{x\to\infty}x\sin\frac{1}{x}=\lim_{x\to\infty}\frac{\sin\frac{1}{x}}{\frac{1}{x}}=1。$$

3.4.3 第二个重要极限

$$\lim_{x\to\infty}\left(1+\frac{1}{x}\right)^x=e \quad 或 \quad \lim_{x\to 0}(1+x)^{\frac{1}{x}}=e$$

例 3-13 求 $\lim\limits_{x\to\infty}\left(1+\frac{1}{2x}\right)^x$。

解：令 $u=2x$，则当 $x\to\infty$ 时，$u=2x\to\infty$，有
$$\lim_{x\to\infty}\left(1+\frac{1}{2x}\right)^x=\lim_{u\to\infty}\left(1+\frac{1}{u}\right)^{\frac{u}{2}}=\left[\lim_{u\to\infty}\left(1+\frac{1}{u}\right)^u\right]^{\frac{1}{2}}=e^{\frac{1}{2}}。$$

例 3-14 求 $\lim\limits_{x\to 0}(1-x)^{\frac{1}{x}}$。

解：令 $u=-x$，则当 $x\to 0$ 时，$u\to 0$，有
$$\lim_{x\to 0}(1-x)^{\frac{1}{x}}=\lim_{u\to 0}(1+u)^{-\frac{1}{u}}=\left[\lim_{u\to 0}(1+u)^{\frac{1}{u}}\right]^{-1}=e^{-1}。$$

在计算熟练后可以不必引入变量替换，直接变成公式的形式即可。

例 3-15 求 $\lim\limits_{x\to\infty}\left(\dfrac{x}{1+x}\right)^x$。

解：
$$\lim_{x\to\infty}\left(\frac{x}{1+x}\right)^x=\lim_{x\to\infty}\left(\frac{1+x-1}{1+x}\right)^x=\lim_{x\to\infty}\left(1+\frac{-1}{1+x}\right)^{1+x-1}$$
$$=\lim_{x\to\infty}\left\{\left[\left(1+\frac{1}{-(1+x)}\right)^{-(1+x)}\right]^{-1}\left(1+\frac{-1}{1+x}\right)^{-1}\right\}$$
$$=\lim_{x\to\infty}\left[\left(1+\frac{1}{-(1+x)}\right)^{-(1+x)}\right]^{-1}\cdot\lim_{x\to\infty}\left(1+\frac{-1}{1+x}\right)^{-1}=e^{-1}。$$

练 习 3.4

计算下列极限。

(1) $\lim\limits_{x\to 0}\dfrac{\tan 2x}{x}$

(2) $\lim\limits_{x\to -2}\dfrac{\sin(x+2)}{5(x+2)}$

(3) $\lim\limits_{x\to 0}\dfrac{\sin 5x}{\sin 3x}$

(4) $\lim\limits_{x\to \pi}\dfrac{x-\pi}{\sin x}$

(5) $\lim\limits_{n\to +\infty} 2^n \sin\dfrac{1}{2^n}$

(6) $\lim\limits_{x\to\infty}\left(1-\dfrac{1}{x}\right)^x$

(7) $\lim\limits_{x\to\infty}\left(\dfrac{x+2}{x}\right)^x$

(8) $\lim\limits_{x\to\infty}\left(\dfrac{x+2}{x+3}\right)^x$

习 题 3

1. 填空题

(1) 若 $\lim\limits_{x\to 0}\dfrac{\sin kx}{5x}=\dfrac{1}{2}$，则 $k=$ _____。

(2) $\ln\left(1+\dfrac{1}{x}\right)$ 与 $\dfrac{1}{x}$ 是当 _____ 时的等价无穷小。

(3) 当 $x\to 0$ 时，$1-\cos x\sim kx^2$，则 $k=$ _____。

(4) $f(x)=\mathrm{e}^{-x}$ 是当 $x \to$ _____ 时的无穷大。

(5) 当 $x \to$ _____ 时,$x\sin\dfrac{1}{x} \to 1$。

(6) $\lim\limits_{x \to 2}(4-x^2)\left(3+\sin\dfrac{1}{x^2-4}\right)=$ _____。

(7) $\lim\limits_{x \to 1}\dfrac{\sqrt{x}-1}{x-1}=$ _____。

2. 单项选择题

(1) 下列函数在 $x \to 0$ 时极限存在的是( )。

A. $f(x)=\begin{cases}\dfrac{|x|}{x}, & x \neq 0 \\ 1, & x=0\end{cases}$ B. $f(x)=\begin{cases}\cos x+1, & x>0 \\ \sin x+1, & x<0\end{cases}$

C. $f(x)=\begin{cases}x\sin\dfrac{1}{x}, & x>0 \\ x, & x<0\end{cases}$ D. $f(x)=\begin{cases}3^x, & x>0 \\ 0, & x=0 \\ -1+x^2, & x<0\end{cases}$

(2) $\lim\limits_{x \to 1}(1-x^2)\left(2+\sin\dfrac{1}{x^2-1}\right)=($)。

A. -1 B. 0
C. 1 D. 2

(3) $\lim\limits_{x \to 1}\dfrac{\sqrt{x}-1}{x-1}=($)。

A. -1 B. 0
C. $\dfrac{1}{2}$ D. ∞

(4) 下列各式正确的是(   )。

A. $\lim\limits_{x \to 0}\dfrac{x}{\cos x}=0$ B. $\lim\limits_{x \to 0}\dfrac{\cos x}{x}=1$

C. $\lim\limits_{x \to 0}\dfrac{\cos x}{x}=0$ D. $\lim\limits_{x \to \infty}\dfrac{\cos x}{x}=1$

(5) $\lim\limits_{x \to 0}\left(x\sin\dfrac{1}{x}+\dfrac{1}{x}\sin x\right)=($)。

A. 0 B. 1
C. 2 D. 不存在

(6) $f(x)=\dfrac{1}{x^2-1}$ 是当 $x \to ($)时的无穷小。

A. ∞ B. 1
C. 0 D. -1

(7) $f(x) = \dfrac{1-x^2}{1-x}$ 是当 $x \to ($ $)$ 时的无穷小。

A. $-\infty$ B. $+\infty$

C. -1 D. 1

(8) 下列等式中正确的是(   )。

A. $\lim\limits_{x \to 0}\left(1+\dfrac{1}{x}\right)^x = e$ B. $\lim\limits_{x \to \infty}(1+x)^{\frac{1}{x}} = e$

C. $\lim\limits_{x \to +\infty}\left(1+\dfrac{1}{x}\right)^x = e$ D. $\lim\limits_{x \to -\infty}\left(1-\dfrac{1}{x}\right)^x = e$

(9) 下列等式中正确的是(   )。

A. $\lim\limits_{x \to 0}\left(x\sin\dfrac{1}{x} - \dfrac{1}{x}\sin x\right) = 1$ B. $\lim\limits_{x \to 0}\left(x\sin\dfrac{1}{x} - \dfrac{1}{x}\sin x\right) = 0$

C. $\lim\limits_{x \to \infty}\left(x\sin\dfrac{1}{x} - \dfrac{1}{x}\sin x\right) = 1$ D. $\lim\limits_{x \to \infty}\left(x\sin\dfrac{1}{x} - \dfrac{1}{x}\sin x\right) = 0$

(10) $\lim\limits_{x \to +\infty} x[\ln(x+2) - \ln x] = ($ $)$。

A. $-\infty$ B. -2

C. 0 D. 2

3. 计算下列极限

(1) $\lim\limits_{n \to +\infty}\left(\dfrac{1+2+3+\cdots+n}{n+2} - \dfrac{n}{2}\right)$ (2) $\lim\limits_{n \to +\infty}\left[\dfrac{1}{1\cdot 2} + \dfrac{1}{2\cdot 3} + \cdots + \dfrac{1}{(n-1)n}\right]$

(3) $\lim\limits_{x \to +\infty}\sqrt{x}(\sqrt{x+1} - \sqrt{x})$ (4) $\lim\limits_{x \to +\infty}(\sqrt{x^2+x+1} - \sqrt{x^2-x+1})$

(5) $\lim\limits_{x \to 0}\dfrac{\sqrt{x+1}-1}{x}$ (6) $\lim\limits_{x \to 4}\dfrac{\sqrt{2x+1}-3}{\sqrt{x}-2}$

(7) $\lim\limits_{x \to 1}\left(\dfrac{2}{x^2-1} - \dfrac{1}{x-1}\right)$ (8) $\lim\limits_{x \to \infty}\dfrac{2x^2+3x+5}{x^3+x-3}$

(9) $\lim\limits_{x \to +\infty}\dfrac{x+\sqrt{x-1}}{\sqrt{2x^2-1}}$ (10) $\lim\limits_{x \to 0}\dfrac{x^2\sin\dfrac{1}{x}}{\sin x}$

(11) $\lim\limits_{x \to 0}\dfrac{\cos x - 1}{x^2}$ (12) $\lim\limits_{x \to 0}\dfrac{\sin 2x}{\tan 3x}$

(13) $\lim\limits_{x \to 0}\dfrac{\ln(1+3x)}{x}$ (14) $\lim\limits_{x \to 0}\dfrac{e^x - 1}{x}$

第 4 章　函数的连续性

本章导读

自然界中很多变量的变化都是连续的,如行星运动的轨迹,气温随时间的变化,当时间变化很微小时,它们的改变量也非常小,反映在数学上,就是函数的连续性。连续函数也是我们所讨论的函数的主要类型,本章介绍函数连续的概念、连续函数的性质及初等函数的连续性。

本章学习的基本要求:
1. 理解函数在一点连续的概念;
2. 了解初等函数的连续性,了解闭区间上连续函数的性质;
3. 会利用函数的连续性求极限;
4. 了解经济分析中函数的连续性。

思维导图

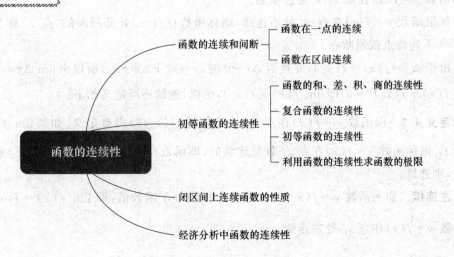

4.1 函数的连续和间断

4.1.1 函数在一点的连续

直观上,连续表现为当自变量的变化很微小时,函数的改变也非常微小,或函数曲线没有间断,见图 4-1;否则,函数曲线是间断的,见图 4-2。

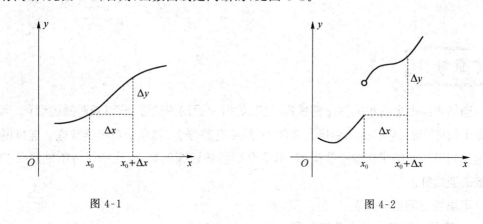

图 4-1　　　　　　　　　　　图 4-2

设函数 $y=f(x)$ 在点 x_0 的某邻域 $U(x_0,\delta)$ 内有定义,$x\in U(x_0,\delta)$,$x-x_0$ 称为自变量 x 在点 x_0 的增量,记做 $\Delta x=x-x_0$,对应的 $f(x)-f(x_0)$ 称为函数 $y=f(x)$ 的增量,记做 $\Delta y=f(x)-f(x_0)$(或 $f(x_0+\Delta x)-f(x_0)$)。

定义 4.1　设函数 $y=f(x)$ 在点 x_0 的某邻域 $U(x_0,\delta)$ 内有定义,如果
$$\lim_{\Delta x\to 0}[f(x_0+\Delta x)-f(x_0)]=0(或 \lim_{\Delta x\to 0}\Delta y=0),$$
则称函数 $y=f(x)$ 在点 x_0 处是连续的。

如果函数 $y=f(x)$ 在点 x_0 处不连续,则称函数在点 x_0 处是间断的,点 x_0 称为函数 $f(x)$ 的不连续点或间断点。

由于 $\Delta y=f(x)-f(x_0)$,并且当 $\Delta x\to 0$ 时,$x=x_0+\Delta x\to x_0$,所以由 $\lim\limits_{\Delta x\to 0}\Delta y=0$ 可得 $\lim\limits_{x\to x_0}[f(x)-f(x_0)]=0$,即 $\lim\limits_{x\to x_0}f(x)=f(x_0)$,所以,连续还可定义如下。

定义 4.2　设函数 $y=f(x)$ 在点 x_0 的某邻域 $U(x_0,\delta)$ 内有定义,如果 $\lim\limits_{x\to x_0}f(x)=f(x_0)$,则称函数 $y=f(x)$ 在点 x_0 处是连续的,即函数在 x_0 点的极限值等于 x_0 点的函数值,则连续。

左连续　如果函数 $y=f(x)$ 在 x_0 点的左极限等于函数值,即 $\lim\limits_{x\to x_0^-}f(x)=f(x_0)$,则称函数 $y=f(x)$ 在点 x_0 处左连续。

右连续 如果函数 $y=f(x)$ 在 x_0 点的右极限等于函数值,即 $\lim\limits_{x \to x_0^+} f(x) = f(x_0)$,则称函数 $y=f(x)$ 在点 x_0 处右连续。

由连续的定义可知,函数 $y=f(x)$ 在点 x_0 处连续,必须满足下列 3 个条件:

(1) $f(x_0)$ 存在,即 $y=f(x)$ 在点 x_0 处有定义;

(2) $\lim\limits_{x \to x_0} f(x)$ 存在;

(3) $\lim\limits_{x \to x_0} f(x) = f(x_0)$。

例 4-1 讨论函数 $f(x) = \dfrac{1}{(x-1)^2}$,在 $x=1$ 处的连续性。

解:函数 $f(x) = \dfrac{1}{(x-1)^2}$,在 $x=1$ 处没有定义,所以,$f(x) = \dfrac{1}{(x-1)^2}$ 在 $x=1$ 处不连续。

例 4-2 讨论函数 $f(x) = \begin{cases} x-1, & x<0, \\ x^2, & x \geqslant 0 \end{cases}$ 在 $x=0$ 处的连续性。

解:
$$\lim_{x \to 0^-} f(x) = \lim_{x \to 0^-} (x-1) = -1,$$
$$\lim_{x \to 0^+} f(x) = \lim_{x \to 0^+} x^2 = 0,$$

因为 $\lim\limits_{x \to 0^-} f(x) \neq \lim\limits_{x \to 0^+} f(x)$,所以,$\lim\limits_{x \to 0} f(x)$ 不存在,
所以函数在 $x=0$ 处不连续。

例 4-3 讨论函数 $f(x) = \begin{cases} ax^2+1, & x<2, \\ 5, & x=2, \\ bx-1, & x>2 \end{cases}$ 当 a,b 取何值时,在 $x=2$ 处连续。

解:
$$\lim_{x \to 2^-} f(x) = \lim_{x \to 2^-} (ax^2+1) = 4a+1,$$
$$\lim_{x \to 2^+} f(x) = \lim_{x \to 2^+} (bx-1) = 2b-1,$$
$$f(2) = 5。$$

要使函数在 $x=2$ 处连续,必须有
$$\lim_{x \to 2^-} f(x) = \lim_{x \to 2^+} f(x) = f(2),$$

即
$$4a+1 = 2b-1 = 5,$$

解得
$$a=1, b=3,$$

所以,当 $a=1, b=3$ 时函数在 $x=2$ 处连续。

4.1.2 函数在区间连续

定义 4.3 如果函数 $y=f(x)$ 在区间 (a,b) 内每一点都连续,则称函数 $y=f(x)$ 在区间 (a,b) 内连续。

定义 4.4　如果函数 $y=f(x)$ 在区间 (a,b) 内连续,且在 a 点右连续,在 b 点左连续,则称函数 $y=f(x)$ 在区间 $[a,b]$ 上连续。

练 习 4.1

1. 讨论函数 $f(x)=\begin{cases} x^2, & 0\leqslant x\leqslant 1,\\ 2-x, & 1<x\leqslant 2 \end{cases}$ 在 $x=1$ 的连续性。

2. 讨论函数 $f(x)=\begin{cases} x-1, & 0<x<1,\\ 1, & x=1,\\ x+2, & 1<x<2 \end{cases}$ 在 $x=1$ 的连续性。

3. 若函数 $f(x)=\begin{cases} ax^2-3, & x<2,\\ 5, & x=2,\\ bx+1, & x>2 \end{cases}$ 在 $x=2$ 处连续性,求 a,b 的值。

4.2　初等函数的连续性

4.2.1　函数的和、差、积、商的连续性

由极限的运算法则和函数连续的定义可得:

定理 4.1　设函数 $f(x),g(x)$ 均在点 x_0 处连续,则 $f(x)\pm g(x)$,$f(x)\cdot g(x)$,$\dfrac{f(x)}{g(x)}(g(x_0)\neq 0)$ 也都在点 x_0 处连续。

4.2.2　复合函数的连续性

定理 4.2　设函数 $u=\varphi(x)$ 在点 x_0 处连续,函数 $y=f(u)$ 在点 u_0 处连续,且 $u_0=\varphi(x_0)$,则复合函数 $y=f[\varphi(x)]$ 也在点 x_0 处连续。

由复合函数的连续性可知,因为 $\lim\limits_{x\to x_0}\varphi(x)=\varphi(x_0)$,所以

$$\lim_{x\to x_0}f[\varphi(x)]=f[\varphi(x_0)]=f[\lim_{x\to x_0}\varphi(x)],$$

即在满足定理 4.2 条件下,求复合函数极限时,函数符号"f"和极限"lim"符号可以交换次序。

在求极限时,上述条件$\lim_{x \to x_0} \varphi(x) = \varphi(x_0)$可以放宽为$u = \varphi(x)$在点$x_0$处极限存在,即$\lim_{x \to x_0} \varphi(x) = a(a$不一定等于$\varphi(x_0))$。

例 4-4 证明$\lim_{x \to 0} \dfrac{\ln(1+x)}{x} = 1$。

证明:$\lim_{x \to 0} \dfrac{\ln(1+x)}{x} = \lim_{x \to 0} \left[\dfrac{1}{x} \ln(1+x)\right] = \lim_{x \to 0} \ln(1+x)^{\frac{1}{x}} = \ln \lim_{x \to 0}(1+x)^{\frac{1}{x}} = \ln e = 1$。

4.2.3 初等函数的连续性

由五类基本初等函数的图形可知,基本初等函数在其定义域内处处连续。由函数连续的运算性质可得:

定理 4.3 一切初等函数在其定义区间内连续。

初等函数在其定义区间内任意一点的极限值等于该点的函数值。

定义区间是指除孤立点外的区间,如函数$y = \sqrt{\dfrac{(x+2)^2}{x}}$的定义域为$x > 0$且$x = -2$,这里$x = -2$是孤立点,$(0, +\infty)$是定义区间。根据函数连续的定义,在孤立点函数无所谓连续。所以函数$y = \sqrt{\dfrac{(x+2)^2}{x}}$在定义区间$(0, +\infty)$连续。

4.2.4 利用函数的连续性求函数的极限

根据函数$f(x)$在点x_0处连续的定义,如果函数$f(x)$在点x_0处连续,则函数在点x_0处的极限值等于函数在点x_0处的函数值,即$\lim_{x \to x_0} f(x) = f(x_0)$,因此,如果函数$f(x)$在点$x_0$处连续,则求函数$f(x)$在$x \to x_0$时的极限,只要求$f(x)$在$x_0$处的函数值即可。

由于初等函数在其定义区间内连续,所以,如果$f(x)$是初等函数,且x_0是$f(x)$定义区间内的点,则

$$\lim_{x \to x_0} f(x) = f(x_0)。$$

例 4-5 求$\lim_{x \to 1} \dfrac{x^2 + 2x - 1}{x + 1}$。

解:$\lim_{x \to 1} \dfrac{x^2 + 2x - 1}{x + 1} = \dfrac{1^2 + 2 \times 1 - 1}{1 + 1} = 1$。

例 4-6 求$\lim_{x \to 0}[e^x + \ln(1+x) + 4x + 1]$。

解:$\lim_{x \to 0}[e^x + \ln(1+x) + 4x + 1] = [e^0 + \ln(1+0) + 4 \times 0 + 1] = 2$。

有些函数虽然是初等函数,但不能直接应用连续函数求极限的方法,可以先进行恒等变换后再求极限。

例 4-7 求 $\lim\limits_{x \to 4} \dfrac{\sqrt{x}-2}{x-4}$。

解：$\lim\limits_{x \to 4} \dfrac{\sqrt{x}-2}{x-4} = \lim\limits_{x \to 4} \dfrac{(\sqrt{x}-2)(\sqrt{x}+2)}{(x-4)(\sqrt{x}+2)} = \lim\limits_{x \to 4} \dfrac{x-4}{(x-4)(\sqrt{x}+2)} = \lim\limits_{x \to 4} \dfrac{1}{\sqrt{x}+2} = \dfrac{1}{4}$。

例 4-8 求 $\lim\limits_{x \to +\infty} (\sqrt{x^2+x} - x)$。

解：$\lim\limits_{x \to +\infty} (\sqrt{x^2+x} - x) = \lim\limits_{x \to +\infty} \dfrac{(\sqrt{x^2+x} - x)(\sqrt{x^2+x} + x)}{\sqrt{x^2+x} + x}$

$= \lim\limits_{x \to +\infty} \dfrac{x}{\sqrt{x^2+x} + x}$

$= \lim\limits_{x \to +\infty} \dfrac{1}{\sqrt{1+\dfrac{1}{x}} + 1} = \dfrac{1}{2}$。

例 4-9 求 $\lim\limits_{x \to 0} \dfrac{a^x - 1}{x}$。

解：令 $t = a^x - 1$，则 $x = \log_a(t+1)$，有

$\lim\limits_{x \to 0} \dfrac{a^x - 1}{x} = \lim\limits_{t \to 0} \dfrac{t}{\log_a(t+1)}$

$= \lim\limits_{t \to 0} \dfrac{1}{\log_a(t+1)^{\frac{1}{t}}}$

$= \dfrac{1}{\log_a[\lim\limits_{t \to 0}(t+1)^{\frac{1}{t}}]} = \dfrac{1}{\log_a e} = \ln a$。

练 习 4.2

1. 求函数 $f(x) = \dfrac{x^3 + 3x^2 - x - 3}{x^2 + x - 6}$ 的连续区间,并求 $\lim\limits_{x \to 0} f(x)$，$\lim\limits_{x \to -3} f(x)$，$\lim\limits_{x \to 2} f(x)$。

2. 利用函数连续性求下列极限。

(1) $\lim\limits_{x \to 0} \sqrt{x^2 - x + 1}$

(2) $\lim\limits_{x \to -2} \dfrac{e^x + 1}{x}$

(3) $\lim\limits_{x \to 0} \dfrac{(1+x)\cos x}{\arctan(1+x^2)}$

(4) $\lim\limits_{x \to e} \dfrac{1}{x} \ln(1+x)$

(5) $\lim\limits_{x \to 0} \dfrac{x^2}{1 - \sqrt{1+x^2}}$

(6) $\lim\limits_{x \to 1} \dfrac{\sqrt{5x-4} - \sqrt{x}}{x-1}$

(7) $\lim\limits_{x \to 0} \ln \dfrac{\sin x}{x}$

(8) $\lim\limits_{x \to 0} \dfrac{\ln(1+3x)}{x}$

(9) $\lim\limits_{x \to +\infty} \arctan(\sqrt{x^2+x} - x)$

4.3 闭区间上连续函数的性质

几何直观上闭区间的连续函数有下列两个性质：

定理 4.4（最值定理） 若函数 $f(x)$ 在闭区间 $[a,b]$ 上连续，则在 $[a,b]$ 上一定有最大值和最小值。

几何直观上看闭区间上的一条连续曲线，至少有一个最高点和一个最低点，见图 4-3。

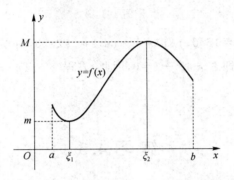

图 4-3

定理 4.5（介值定理） 若函数 $f(x)$ 在闭区间 $[a,b]$ 上连续，且 $f(a)=A, f(b)=B(A\neq B)$，设 C 是介于 A,B 之间的任一个数，则至少存在一点 $\xi\in(a,b)$，使得 $f(\xi)=C$。

几何意义是，连续曲线 $y=f(x)$ 与水平直线 $y=C$ 至少有一个交点，见图 4-4。

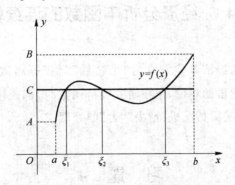

图 4-4

推论 1（零点定理） 若函数 $f(x)$ 在闭区间 $[a,b]$ 上连续，且 $f(a)$ 与 $f(b)$ 异号，则至少存在一点 $\xi\in(a,b)$，使得 $f(\xi)=0$，见图 4-5。

推论 2 闭区间上的连续函数必取得介于最大值 M 与最小值 m 之间的任何值。

例 4-10 证明三次方程 $x^3-4x^2+1=0$ 在区间 $(0,1)$ 内至少有一个实根。

证明：因为函数 $f(x)=x^3-4x^2+1$ 是初等函数，在 $(-\infty,+\infty)$ 内连续，因此在闭区

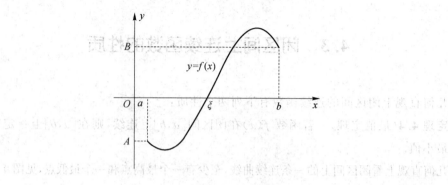

图 4-5

间$[0,1]$上连续,又$f(0)=1>0$,$f(1)=1-4+1=-2<0$,由零点定理,在$(0,1)$内至少有一个ξ,使得$f(\xi)=0$,即$\xi^3-4\xi^2+1=0$,因此,方程$x^3-4x^2+1=0$在$(0,1)$内至少有一个实根ξ。

练习 4.3

1. 证明方程$x^3-3x=1$至少有一个根在1与2之间。
2. 证明方程$x=a\sin x+b$(其中$a>0,b>0$)至少有一个正根,并且它不超过$a+b$。

4.4 经济分析中函数的连续性

在经济分析中遇到的经济单位常常为"个""件""辆"等离散属性的量,而不是"吨""公斤""米"等能够连续剂量的单位,但在研究经济函数时,都视作连续函数,并作为连续函数进行分析研究,结合实际情况进行"去""舍"的处理。

习 题 4

1. 填空题

(1) 函数$f(x)=\dfrac{x^2-2}{x-\sqrt{2}}$的间断点为_____。

(2) 函数$f(x)=\dfrac{\sqrt{x+1}-1}{\sin x}$的间断点为_____。

(3) 若 $f(x)=\begin{cases} \dfrac{1}{x}\sin x, & x<0, \\ k, & x=0, \\ x\sin\dfrac{1}{x}+1, & x>0 \end{cases}$ 在定义区间内连续，则 $k=$ _____。

(4) 若 $f(x)=\begin{cases} \dfrac{\sin kx}{x}+2, & x<0, \\ x\ln(x+1), & x\geqslant 0 \end{cases}$ 在 $x=0$ 处连续，则 $k=$ _____。

(5) 若 $f(x)=\begin{cases} \dfrac{\sqrt{-x}-1}{x+1}, & x<-1, \\ kx+5, & x\geqslant -1 \end{cases}$ 在 $x=-1$ 处连续，则 $k=$ _____。

(6) 若 $f(x)=\begin{cases} \dfrac{\sqrt{1+x}-\sqrt{1-x}}{x}, & |x|\leqslant 1 \text{ 且 } x\neq 0, \\ k, & x=0 \end{cases}$ 在 $x=0$ 处连续，则 $k=$ _____。

2. 单项选择题

(1) 若 $f(x)=\begin{cases} \dfrac{\sqrt{1+x}-1}{x}, & x\neq 0, \\ k, & x=0 \end{cases}$ 在 $x=0$ 处连续，则 $k=($ _____)。

A. -1　　　　　　　　　　　　B. 0

C. $\dfrac{1}{2}$　　　　　　　　　　　D. 1

(2) 设 $f(x)=\begin{cases} \dfrac{\sin 2x}{x}, & x\neq 0, \\ k, & x=0 \end{cases}(k\text{ 为常数})$ 是连续函数，则 $k=($ _____)。

A. 0　　　　　　　　　　　　B. 任意实数

C. $\dfrac{1}{2}$　　　　　　　　　　　D. 2

(3) 设 $f(x)=\begin{cases} \dfrac{\sin 2(x-1)}{x-1}, & x<1, \\ 3x+k, & x\geqslant 1 \end{cases}$ 在 $x=1$ 处连续，则 $k=($ _____)。

A. -1　　　　　　　　　　　　B. 1

C. $\dfrac{1}{2}$　　　　　　　　　　　D. 3

(4) 设 $f(x)=\begin{cases} \dfrac{\tan x}{x}, & x>0, \\ 2, & x=0, \\ e^x, & x<0, \end{cases}$ 则 $\lim\limits_{x\to 0}f(x)=($ _____)。

A. 1　　　　　　　　　　　　B. 不存在

C. -2 D. 2

(5) 函数 $f(x)$ 在点 $x=a$ 处连续,是 $f(x)$ 在点 $x=a$ 有极限的(　　)。

A. 充分必要条件 B. 充分非必要条件

C. 必要非充分条件 D. 无关条件

(6) 函数 $f(x)=\dfrac{\sin\sqrt{x+1}}{(x+2)(x^2-1)}$ 的间断点的个数是(　　)。

A. 0 B. 1

C. 2 D. 3

(7) $\lim\limits_{x\to x_0^-}f(x)=\lim\limits_{x\to x_0^+}f(x)=a$ 是函数 $f(x)$ 在点 $x=x_0$ 处连续的(　　)。

A. 充分条件 B. 必要条件

C. 充分必要条件 D. 既非充分也非必要条件

(8) 设 $f(x)=\begin{cases} x^2+2x+3, & x\leqslant 1, \\ x, & 1<x\leqslant 2, \\ 2x-2, & x>2, \end{cases}$ 则(　　)。

A. $f(x)$ 在 $x=1, x=2$ 处间断

B. $f(x)$ 在 $x=1, x=2$ 处连续

C. $f(x)$ 在 $x=1$ 处间断,在 $x=2$ 处连续

D. $f(x)$ 在 $x=1$ 处连续,在 $x=2$ 处间断

3. 计算题

(1) 设 $f(x)$ 处处连续,且 $f(2)=3$,求 $\lim\limits_{x\to 0}\left(\dfrac{\sin 3x}{x}\right)f\left(\dfrac{\sin 2x}{x}\right)$。

(2) 设 $a>0$,且 $f(x)=\begin{cases} \dfrac{2\cos x-1}{x+1}, & x\geqslant 0, \\ \dfrac{\sqrt{a}-\sqrt{a-x}}{x}, & x<0, \end{cases}$ 求 a 的值,使 $f(x)$ 在 $x=0$ 处连续。

(3) 设 $f(x)=\begin{cases} \dfrac{2\sin 2x}{x}, & x<0, \\ a, & x=0, \\ \dfrac{\ln(1+bx)}{x}, & x>0, \end{cases}$ 在点 $x=0$ 处连续,求 a,b 的值。

(4) 讨论函数 $f(x)=\begin{cases} \dfrac{\sin x}{x}, & x<0, \\ 1, & x=0, \\ \dfrac{2(\sqrt{1+x}-1)}{x}, & x>0 \end{cases}$ 在 $x=0$ 处的连续性。

第 5 章 导数与微分

本章导读

　　导数和微分是微积分的重要组成部分,它的基本概念是导数与微分,其中导数反映函数相对于自变量的变化快慢程度,微分是指当自变量有微小变化时,函数大体上变化多少。本章介绍函数的导数的概念、函数的求导法则、函数的微分等。

本章学习的基本要求:

1. 理解函数导数的概念及其几何意义;
2. 了解函数的可导性,函数可导和连续的关系;
3. 会求平面曲线 $y=f(x)$ 上某点处的切线方程;
4. 熟练掌握导数的基本公式、四则运算法则及复合函数求导的方法;
5. 会求函数的二阶导数;
6. 了解微分的概念,会求函数的微分。

思维导图

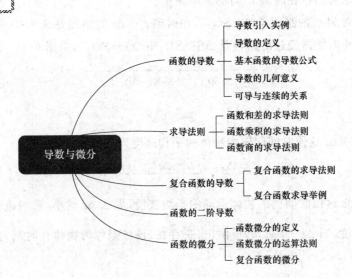

5.1 函数的导数

5.1.1 导数引入实例

在解决实际经济问题时,除了需要了解变量之间的函数关系外,有时还需要研究变量变化快慢的程度。例如已知商品的需求函数为 $Q=f(P)$,当商品的价格发生变化会引起商品需求的变化。若价格的微小变化引起需求很大的变化,说明需求变化较快,反之说明需求变化较慢。在数学上这类研究变量变化快慢的问题可归结到求函数的变化率的问题,即求函数的导数。

1. 变速直线运动的速度

设某物体做变速直线运动,物体从某一时刻(不妨设为 0)开始到时刻 t 所走过的路程为 S,则 S 是 t 的函数

$$S=S(t)。$$

在物理学中,定义

$$\bar{v}=\frac{路程}{时间}=\frac{S}{t}$$

是从时刻 0 到时刻 t 这段时间内物体的平均速度。对于做变速直线运动的物体来说,平均速度反映了物体在这一段时间内的平均运动快慢情况,但不能准确反映物体在某一时刻的物体运动的快慢情况。

物体在时刻 t_0 时速度称为该时刻的瞬时速度,瞬时速度反映物体在时刻 t_0 的运动快慢。那么如何求解物体在时刻 t_0 时的瞬时速度?

设物体在时刻 t_0 的路程是 $S=S(t_0)$,在时刻 $t_0+\Delta t$ 的路程是 $S=S(t_0+\Delta t)$,在 t_0 到 $t_0+\Delta t$ 这段时间内物体经过的路程是 $\Delta S=S(t_0+\Delta t)-S(t_0)$,见图 5-1。

$$S=S(t_0) \quad S=S(t_0+\Delta t)$$

图 5-1

从 t_0 到 $t_0+\Delta t$ 这段时间间隔内物体的平均速度为

$$\bar{v}=\frac{\Delta s}{\Delta t}=\frac{s(t_0+\Delta t)-s(t_0)}{\Delta t}。$$

$\bar{v}$ 反映了 Δt 这段时间内的物体运动的平均快慢,那么 Δt 越小,平均速度越接近于时刻 t_0 的瞬时速度,当 $\Delta t \to 0$ 时,若极限 $\lim\limits_{\Delta t \to 0}\dfrac{\Delta s}{\Delta t}$ 存在,该极限称为物体在时刻 t_0 的瞬时速度

$$v(t_0) = \lim_{\Delta t \to 0} \overline{v} = \lim_{\Delta t \to 0} \frac{\Delta s}{\Delta t} = \lim_{\Delta t \to 0} \frac{s(t_0 + \Delta t) - s(t_0)}{\Delta t}。$$

2. 平面曲线的切线斜率

曲线 $y = f(x)$ 的图形见图 5-2，M、N 为曲线上的两点。

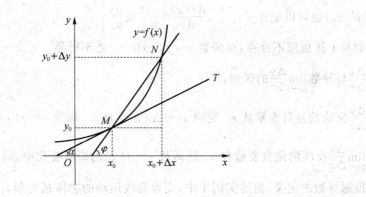

图 5-2

连接 M 点和 N 点的直线 $\overline{MN}$ 称为曲线的割线，当 N 点沿曲线向 M 点靠近时，割线 $\overline{MN}$ 绕点 M 顺时针旋转，当 N 与 M 最终重合时割线到达了极限位置 $\overline{MT}$，直线 $\overline{MT}$ 称为曲线 $y = f(x)$ 在点 M 的切线。

设 $M(x_0, y_0)$，$N(x_0 + \Delta x, y_0 + \Delta y)$，则过 M、N 两点的割线斜率为

$$k_{MN} = \frac{\Delta y}{\Delta x} = \frac{f(x_0 + \Delta x) - f(x_0)}{\Delta x} = \tan \varphi。$$

点 N 沿曲线逼近点 M 的过程中，Δx 不断减小，割线的斜率逼近切线的斜率。当 $\Delta x \to 0$ 时，若极限 $\lim\limits_{\Delta x \to 0} \dfrac{\Delta y}{\Delta x}$ 存在，则该极限为曲线 $y = f(x)$ 在点 M 的切线斜率

$$k = \tan \alpha = \lim_{\Delta x \to 0} \frac{\Delta y}{\Delta x} = \lim_{\Delta x \to 0} \frac{f(x_0 + \Delta x) - f(x_0)}{\Delta x}。$$

以上两个例子，虽然实际的背景不同，但从抽象的数学关系来看，都可以归结为求当自变量的变化量趋向于 0 时，函数的变化量与自变量的变化量的比值的极限问题，该极限称为函数的导数。

5.1.2 导数的定义

定义 5.1 设函数 $y = f(x)$ 在点 x_0 的某一邻域内有定义，当自变量在点 x_0 处有改变量 Δx（$x_0 + \Delta x$ 仍在该邻域内）时，函数有相应的改变量

$$\Delta y = f(x_0 + \Delta x) - f(x_0),$$

当 $\Delta x \to 0$ 时，如果极限

$$\lim_{\Delta x \to 0} \frac{\Delta y}{\Delta x} = \lim_{\Delta x \to 0} \frac{f(x_0 + \Delta x) - f(x_0)}{\Delta x}$$

存在,称函数 $y=f(x)$ 在 x_0 点可导,该极限值称为 $y=f(x)$ 在 x_0 点的**导数**,记作 $f'(x_0)$,即

$$f'(x_0)=\lim_{\Delta x\to 0}\frac{f(x_0+\Delta x)-f(x_0)}{\Delta x}。$$

导数 $f'(x_0)$ 也可以记作 $y'|_{x=x_0}$,$\dfrac{\mathrm{d}f(x)}{\mathrm{d}x}\Big|_{x=x_0}$ 或 $\dfrac{\mathrm{d}y}{\mathrm{d}x}\Big|_{x=x_0}$。

如果上述极限不存在,称函数 $y=f(x)$ 在 x_0 处不可导。

$\dfrac{\Delta y}{\Delta x}$ 与导数 $\lim\limits_{\Delta x\to 0}\dfrac{\Delta y}{\Delta x}$ 的区别:

$\dfrac{\Delta y}{\Delta x}$ 反映的是自变量从 x_0 变到 $x_0+\Delta x$ 的区间上,函数 $y=f(x)$ 的平均变化率。

$\lim\limits_{\Delta x\to 0}\dfrac{\Delta y}{\Delta x}$ 反映的是自变量在 x_0 处函数 $y=f(x)$ 的瞬时变化率,简称变化率。

根据导数的定义,前述实例 1 中,变速直线运动的物体在时刻 t_0 的瞬时速度 $v(t_0)$ 就是路程函数 $S=S(t)$ 在 t_0 处的导数,即

$$v(t_0)=\frac{\mathrm{d}S}{\mathrm{d}t}\Big|_{t=t_0}。$$

实例 2 中,曲线 $y=f(x)$ 在 x_0 处的斜率就是曲线方程 $y=f(x)$ 在 x_0 处的导数,即

$$k=\frac{\mathrm{d}y}{\mathrm{d}x}\Big|_{x=x_0}。$$

例 5-1 求函数 $f(x)=x^2$ 在点 $x=2$ 处的导数。

解:当 x 由 2 变到 $2+\Delta x$ 时,函数改变量为

$$\Delta y=(2+\Delta x)^2-x^2=4\Delta x+(\Delta x)^2,$$

则 $\dfrac{\Delta y}{\Delta x}=4+\Delta x$,可得

$$f'(2)=\lim_{\Delta x\to 0}\frac{\Delta y}{\Delta x}=\lim_{\Delta x\to 0}(4+\Delta x)=4。$$

如果函数 $f(x)$ 在某区间 (a,b) 内每一点都可导,则称 $f(x)$ 在区间 (a,b) 内可导,此时对于区间 (a,b) 内每一点 x,有一个导数值和它对应,这样定义了一个新的函数,称为导函数。

定义 5.2 设函数 $y=f(x)$ 在区间 (a,b) 内可导,则对任意的 $x\in(a,b)$,都存在唯一的导数值 $f'(x)$ 与之对应,那么 $f'(x)$ 也是 x 的一个函数,称为 $f(x)$ 在区间 (a,b) 内的**导函数**,简称为导数,记为

$$f'(x),\quad y',\quad \frac{\mathrm{d}y}{\mathrm{d}x},\quad \frac{\mathrm{d}f(x)}{\mathrm{d}x},$$

即

$$f'(x)=\lim_{\Delta x\to 0}\frac{\Delta y}{\Delta x}=\lim_{\Delta x\to 0}\frac{f(x+\Delta x)-f(x)}{\Delta x}。$$

函数 $f(x)$ 在点 x_0 处的导数 $f'(x_0)$ 是导函数 $f'(x)$ 在点 x_0 处的函数值, 即
$$f'(x_0)=f'(x)\Big|_{x=x_0}。$$
由导数的定义可将求导的方法概括为以下几个步骤:

(1) 求出对应于自变量改变量 Δx 的函数改变量
$$\Delta y = f(x+\Delta x) - f(x);$$

(2) 计算两个改变量的比值
$$\frac{\Delta y}{\Delta x} = \frac{f(x+\Delta x)-f(x)}{\Delta x};$$

(3) 计算 $\Delta x \to 0$ 时 $\frac{\Delta y}{\Delta x}$ 的比值, 即为函数的导数
$$y'=f'(x)=\lim_{\Delta x \to 0}\frac{\Delta y}{\Delta x}。$$

例 5-2 求线性函数 $y=ax+b$ 的导数。

解: (1) 求改变量 $\Delta y = f(x+\Delta x) - f(x) = [a(x+\Delta x)+b] - (ax+b) = a\Delta x$;

(2) 计算比值 $\frac{\Delta y}{\Delta x} = \frac{a\Delta x}{\Delta x} = a$;

(3) 求导数 $y' = \lim\limits_{\Delta x \to 0}\frac{\Delta y}{\Delta x} = \lim\limits_{\Delta x \to 0} a = a$。

例 5-3 求函数 $f(x)=x^2$ 的导数, 并计算 $f'(1), f(2)$。

解: (1) 求改变量 $\Delta y = f(x+\Delta x) - f(x) = (x+\Delta x)^2 - x^2 = 2x(\Delta x) + (\Delta x)^2$;

(2) 计算比值 $\frac{\Delta y}{\Delta x} = \frac{2x(\Delta x)+(\Delta x)^2}{\Delta x} = 2x + \Delta x$;

(3) 求导数 $f'(x) = \lim\limits_{\Delta x \to 0}\frac{\Delta y}{\Delta x} = \lim\limits_{\Delta x \to 0}(2x+\Delta x) = 2x$;

(4) $f'(1) = f'(x)|_{x=1} = 2x|_{x=1} = 2, f'(2) = f'(x)|_{x=2} = 2x|_{x=2} = 4$。

同样的方法可求 $(x^3)'=3x^2, (x^4)'=4x^3, \cdots, (x^n)'=nx^{n-1}$, 这就是**幂函数**的求导公式。

例 5-4 求函数 $f(x)=\sin x$ 的导数。

解: (1) 求改变量 $\Delta y = f(x+\Delta x) - f(x) = \sin(x+\Delta x) - \sin x = 2\cos\left(x+\frac{\Delta x}{2}\right)\sin\frac{\Delta x}{2}$;

(2) 计算比值 $\dfrac{\Delta y}{\Delta x} = \dfrac{2\cos\left(x+\frac{\Delta x}{2}\right)\sin\frac{\Delta x}{2}}{\Delta x} = \cos\left(x+\frac{\Delta x}{2}\right) \cdot \dfrac{\sin\frac{\Delta x}{2}}{\frac{\Delta x}{2}}$;

(3) 求导数

$$f'(x)=\lim_{\Delta x\to 0}\frac{\Delta y}{\Delta x}=\lim_{\Delta x\to 0}\left[\cos\left(x+\frac{\Delta x}{2}\right)\cdot\frac{\sin\frac{\Delta x}{x}}{\frac{\Delta x}{2}}\right]$$

$$=\lim_{\Delta x\to 0}\cos\left(x+\frac{\Delta x}{2}\right)\cdot\lim_{\Delta x\to 0}\frac{\sin\frac{\Delta x}{x}}{\frac{\Delta x}{2}}$$

$$=\cos x\cdot 1=\cos x_{\circ}$$

即 $(\sin x)'=\cos x$,此为**正弦函数**的求导公式。

同样的方法可求**余弦函数**的求导公式为：$(\cos x)'=-\sin x$。

5.1.3 基本初等函数的导数公式

在导数的定义中,不仅阐明了导数概念的实质,同时给出了根据定义求函数导数的方法。但是,若每一个函数都直接按定义去求它的导数,往往会比较地烦琐,甚至有的很困难。因此,希望能找到一些公式,借助这些公式来简化求导的计算。

由导数的定义可以证明以下基本初等函数的导数公式。

$(\sin x)'=\cos x$ $(\cos x)'=-\sin x$

$(x^a)'=\alpha\ x^{a-1}$ $(C)'=0$

$(a^x)'=a^x\ln a$ $(e^x)'=e^x$

$(\log_a x)'=\dfrac{1}{x\ln a}$ $(\ln x)'=\dfrac{1}{x}$

前面例 5-3 和例 5-4 已根据导数的定义证明了幂函数、正弦函数和余弦函数的求导公式。同样的方法也可以证明其他的求导公式。

(1) 证明常数函数的求导公式 $(C)'=0$。

证明：由导数定义

$$\Delta y=f(x+\Delta x)-f(x)=C-C=0,$$

则

$$\frac{\Delta y}{\Delta x}=0_{\circ}$$

$$(C)'=\lim_{\Delta x\to 0}\frac{\Delta y}{\Delta x}=\lim_{\Delta x\to 0}0=0_{\circ}$$

(2) 证明指数函数的求导公式 $(a^x)'=a^x\ln a$。

证明：由导数的定义

$$\Delta y=f(x+\Delta x)-f(x)=a^{x+\Delta x}-a^x,$$

$$\frac{\Delta y}{\Delta x}=\frac{a^{x+\Delta x}-a^x}{\Delta x},$$

$$(a^x)'=\lim_{\Delta x\to 0}\frac{\Delta y}{\Delta x}=\lim_{\Delta x\to 0}\frac{a^{x+\Delta x}-a^x}{\Delta x}=a^x\lim_{\Delta x\to 0}\frac{a^{\Delta x}-1}{\Delta x},$$

由例 4-9 的结论,知 $\lim\limits_{\Delta x \to 0} \dfrac{a^{\Delta x}-1}{\Delta x} = \ln a$。

因此 $(a^x)' = a^x \ln a$。

特别地,当 $a = e$ 时,$(e^x)' = e^x$。

(3) 证明对数函数求导的公式 $(\log_a x)' = \dfrac{1}{x \ln a}$。

证明:由导数的定义,有

$$\Delta y = f(x+\Delta x) - f(x) = \log_a(x+\Delta x) - \log_a x = \log_a\left(\dfrac{x+\Delta x}{x}\right),$$

$$\dfrac{\Delta y}{\Delta x} = \dfrac{\log_a\left(\dfrac{x+\Delta x}{x}\right)}{\Delta x} = \log_a\left(1+\dfrac{\Delta x}{x}\right)^{\frac{1}{\Delta x}},$$

$$(\log_a x)' = \lim_{\Delta x \to 0} \dfrac{\Delta y}{\Delta x} = \lim_{\Delta x \to 0} \log_a\left(1+\dfrac{\Delta x}{x}\right)^{\frac{1}{\Delta x}} = \lim_{\Delta x \to 0} \log_a\left[\left(1+\dfrac{\Delta x}{x}\right)^{\frac{x}{\Delta x}}\right]^{\frac{1}{x}}$$

$$= \lim_{\Delta x \to 0} \dfrac{1}{x} \log_a\left(1+\dfrac{\Delta x}{x}\right)^{\frac{x}{\Delta x}} = \dfrac{1}{x} \lim_{\Delta x \to 0} \log_a\left(1+\dfrac{\Delta x}{x}\right)^{\frac{x}{\Delta x}}$$

$$= \dfrac{1}{x} \log_a \lim_{\Delta x \to 0} \left(1+\dfrac{\Delta x}{x}\right)^{\frac{x}{\Delta x}} = \dfrac{1}{x} \log_a e$$

$$= \dfrac{1}{x \ln a},$$

即 $(\log_a x)' = \dfrac{1}{x \ln a}$。

特别地,当 $a = e$ 时,$(\ln x)' = \dfrac{1}{x}$。

有了以上基本初等函数的导数公式,在计算一些基本初等函数的导数时,就不必再从导数的定义出求解了,可直接利用这些求导公式求解。

例 5-5 设 $f(x) = 10^x$,求 $f'(1), f'(0)$。

解:由指数函数的求导公式 $(a^x)' = a^x \ln a$,有

$$f'(x) = (10^x)' = 10^x \ln 10,$$

所以 $f'(1) = 10 \ln 10$, $f'(0) = \ln 10$。

注:$f'(x_0) \neq [f(x_0)]'$。

例 5-6 求函数 $y = \sqrt{x}$ 的导数。

解:由幂函数的求导公式 $(x^a)' = a \cdot x^{a-1}$,有

$$y' = (\sqrt{x})' = (x^{\frac{1}{2}})' = \dfrac{1}{2\sqrt{x}}。$$

例 5-7 设 $f(x) = \log_5 x$,试求 $f'(x)$ 以及 $f'(2)$。

解:由对数函数求导公式 $(\log_a x)' = \dfrac{1}{x \ln a}$,有

$$f'(x)=(\log_5 x)'=\frac{1}{x\ln 5},$$

$$f'(2)=\frac{1}{2\ln 5}.$$

5.1.4 导数的几何意义

由前面实例 2 的讨论可知,函数 $y=f(x)$ 在 x_0 处的导数就是曲线在 $M(x_0,y_0)$ 点处切线的斜率

$$k=\frac{\mathrm{d}y}{\mathrm{d}x}\bigg|_{x=x_0}=f'(x_0).$$

这就是导数的几何意义。根据直线的点斜式方程,可知曲线 $y=f(x)$ 在 $M(x_0,y_0)$ 点的切线方程为

$$y-y_0=f'(x_0)(x-x_0).$$

如果 $\lim\limits_{\Delta x\to 0}\frac{\Delta y}{\Delta x}=\infty$,即函数 $y=f(x)$ 在 x_0 处的导数无穷大,函数 $y=f(x)$ 在 x_0 点不可导,但是曲线在 (x_0,y_0) 点处仍然有竖直切线,切线方程为 $x=x_0$。

例 5-8 求曲线 $f(x)=x^2$ 在点 $(-1,1)$ 处的切线方程。

解:$f'(x)=2x,f'(-1)=-2$,即曲线 $f(x)=x^2$ 在点 $(-1,1)$ 处切线的斜率为 -2。

由 $y-y_0=f'(x_0)(x-x_0)$,可得曲线在点 $(-1,1)$ 处切线方程为

$$y-1=-2[x-(-1)],$$

即

$$y+2x+1=0.$$

5.1.5 可导和连续的关系

定理 5.1 如果函数 $y=f(x)$ 在点 x 处可导,则函数 $y=f(x)$ 在点 x 处必连续。

证明:设自变量在点 x 处取得改变量 Δx,相应的函数取得改变量

$$\Delta y=f(x+\Delta x)-f(x),$$

由定理条件 $y=f(x)$ 在点 x 处可导,即 $f'(x)$ 存在,则有

$$\lim_{\Delta x\to 0}\Delta y=\lim_{\Delta x\to 0}\left(\frac{\Delta y}{\Delta x}\cdot\Delta x\right)=\lim_{\Delta x\to 0}\frac{\Delta y}{\Delta x}\cdot\lim_{\Delta x\to 0}\Delta x=f'(x)\cdot 0=0,$$

即函数 $y=f(x)$ 在点 x 处连续,定理得证。

注意:上述定理的逆定理不成立,即函数 $y=f(x)$ 在点 x 处连续,函数在点 x 处不一定可导。

例 5-9 证明函数 $y=\sqrt[3]{x}$ 在点 $x=0$ 处连续,但不可导。

证明:自变量在点 $x=0$ 处取得改变量 Δx,则

$$\Delta y = \sqrt[3]{0+\Delta x} - \sqrt[3]{0} = \sqrt[3]{\Delta x},$$

$$\lim_{\Delta x \to 0} \Delta y = \lim_{\Delta x \to 0} \sqrt[3]{\Delta x} = 0,$$

函数 $y=\sqrt[3]{x}$ 在点 $x=0$ 处连续,而

$$\lim_{\Delta x \to 0} \frac{\Delta y}{\Delta x} = \lim_{\Delta x \to 0} \frac{\sqrt[3]{\Delta x}}{\Delta x} = \lim_{\Delta x \to 0} \frac{1}{\sqrt[3]{(\Delta x)^2}} = \infty,$$

函数 $y=\sqrt[3]{x}$ 在点 $x=0$ 处不可导。

练 习 5.1

1. 设函数 $f(x)=\cos x$,利用导数定义求 $f'(x)$,并求 $f'\left(\dfrac{\pi}{6}\right)$ 和 $f'\left(\dfrac{\pi}{3}\right)$。

2. 根据导数的定义,求下列函数的导数。

(1) $f(x)=3x+2$ (2) $f(x)=\dfrac{1}{x}$ (3) $f(x)=1-2x^2$

3. 设函数 $f(x)=2^x$,求 $f'(x)$ 和 $f'(2)$。

4. 利用基本初等函数的求导公式,求下列函数的导数。

(1) $f(x)=8$ (2) $f(x)=x^6$ (3) $f(x)=\lg x$

5. 求曲线 $y=\dfrac{1}{\sqrt{x}}$ 在点 $(1,1)$ 处的切线方程。

5.2 求 导 法 则

在本章 5.1 节中给出了由定义求解函数导数的方法,并从导数的定义出发得到一些基本导数公式。这些导数公式对于直接求解简单初等函数的导数带来了很大的方便,但是对于一些复杂函数的导数,仍无法直接求解。而要直接从导数的定义出发求解复杂函数的导数,则将会很烦琐。为此本节引入一些求导的法则,以简化求导的过程。

5.2.1 函数和差的求导法则

定理 5.2 设函数 $u(x),v(x)$ 均在点 x 处可导,则 $y=u(x)\pm v(x)$ 在点 x 处也可导,且有

$$y' = [u(x) \pm v(x)]' = u'(x) \pm v'(x)$$

证明:设自变量在 x 处取得改变量 Δx,则函数 $u(x)$ 和 $v(x)$ 分别取得改变量

$$\Delta u = u(x+\Delta x) - u(x), \quad \Delta v = v(x+\Delta x) - v(x),$$

则函数 y 的改变量

$$\Delta y = [u(x+\Delta x) \pm v(x+\Delta x)] - [u(x) \pm v(x)] = \Delta u \pm \Delta v,$$

$$\frac{\Delta y}{\Delta x} = \frac{\Delta u \pm \Delta v}{\Delta x} = \frac{\Delta u}{\Delta x} \pm \frac{\Delta v}{\Delta x},$$

利用导数的定义,有

$$y' = \lim_{\Delta x \to 0}\left(\frac{\Delta u}{\Delta x} \pm \frac{\Delta v}{\Delta x}\right) = \lim_{\Delta x \to 0}\left(\frac{\Delta u}{\Delta x}\right) \pm \lim_{\Delta x \to 0}\left(\frac{\Delta v}{\Delta x}\right) = u'(x) \pm v'(x),$$

即

$$y' = [u(x) \pm v(x)]' = u'(x) \pm v'(x)。$$

定理得证。

定理 5.2 表明,函数和差的导数等于各函数的导数的和差。这个结论可以推广到有限多个可导函数的和差的情形,即

$$(u_1 \pm u_2 \pm \cdots \pm u_n)' = u'_1 \pm u'_2 \pm \cdots \pm u'_n$$

例 5-10 求函数 $y = x^3 - 5$ 的导数。

解:$y' = (x^3 - 5)' = (x^3)' - (5)' = 3x^2$。

例 5-11 求函数 $y = \sin x + x^3$ 的导数。

解:$y' = (\sin x + x^3)' = (\sin x)' + (x^3)' = \cos x + 3x^2$。

5.2.2 函数乘积的求导法则

定理 5.3 设函数 $u(x), v(x)$ 均在点 x 处可导,则 $y = u(x) \cdot v(x)$ 在点 x 处也可导,且有

$$y' = [u(x) \cdot v(x)]' = u'(x)v(x) + u(x)v'(x)。$$

证明:设自变量在 x 处取得改变量 Δx,则函数 $u(x)$ 和 $v(x)$ 分别取得改变量

$$\Delta u = u(x+\Delta x) - u(x), \quad \Delta v = v(x+\Delta x) - v(x),$$

则

$$\begin{aligned}\Delta y &= u(x+\Delta x)v(x+\Delta x) - u(x)v(x) \\ &= [u(x)+\Delta u][v(x)+\Delta v] - u(x)v(x) \\ &= v(x)\Delta u + u(x)\Delta v + \Delta u \Delta v,\end{aligned}$$

$$\frac{\Delta y}{\Delta x} = \frac{v(x)\Delta u + u(x)\Delta v + \Delta u \Delta v}{\Delta x} = v(x)\left(\frac{\Delta u}{\Delta x}\right) + u(x)\left(\frac{\Delta v}{\Delta x}\right) + (\Delta u)\left(\frac{\Delta v}{\Delta x}\right)。$$

利用导数的定义,有

$$\begin{aligned}y' &= [u(x)v(x)]' = \lim_{\Delta x \to 0}\frac{\Delta y}{\Delta x} = \lim_{\Delta x \to 0}\left[v(x)\left(\frac{\Delta u}{\Delta x}\right) + u(x)\left(\frac{\Delta v}{\Delta x}\right) + (\Delta u)\left(\frac{\Delta v}{\Delta x}\right)\right] \\ &= v(x)\lim_{\Delta x \to 0}\left(\frac{\Delta u}{\Delta x}\right) + u(x)\lim_{\Delta x \to 0}\left(\frac{\Delta v}{\Delta x}\right) + \lim_{\Delta x \to 0}\left[(\Delta u)\left(\frac{\Delta v}{\Delta x}\right)\right] \\ &= v(x)u'(x) + u(x)v'(x) + \lim_{\Delta x \to 0}\left[(\Delta u)\left(\frac{\Delta v}{\Delta x}\right)\right]。\end{aligned}$$

由 $u(x)$ 在 x 处可导知，$u(x)$ 在 x 处连续，即有 $\lim\limits_{\Delta x \to 0} \Delta u = 0$，上式中的第三项为 0，则可得
$$[u(x)v(x)]' = u'(x)v(x) + u(x)v'(x)。$$
定理得证。

由定理 5.3 可得：

(1) 当 $v(x) \equiv C$（C 为常数）时，则
$$(Cu(x))' = Cu'(x)，$$
即常数因子可以移到导数符号的外面。

(2) 此定理可以推广到有限个函数的积的导数，即
$$[u(x)v(x)w(x)]' = u'(x)v(x)w(x) + u(x)v'(x)w(x) + u(x)v(x)w'(x)。$$

例 5-12 求函数 $y = x\ln x$ 的导数。

解：$y' = (x\ln x)' = (x)'\ln x + x(\ln x)' = \ln x + x \cdot \dfrac{1}{x} = \ln x + 1$。

例 5-13 求函数 $y = (1+2x)(3x^3 - 2x^2)$ 的导数。

解：
$$\begin{aligned}
y' &= [(1+2x)(3x^3 - 2x^2)]' \\
&= (1+2x)'(3x^3 - 2x^2) + (1+2x)(3x^3 - 2x^2)' \\
&= [1' + (2x)'](3x^3 - 2x^2) + (1+2x)[(3x^3)' - (2x^2)'] \\
&= [0 + 2(x)'](3x^3 - 2x^2) + (1+2x)[3(x^3)' - 2(x^2)'] \\
&= 2(3x^3 - 2x^2) + (1+2x)(9x^2 - 4x) \\
&= 24x^3 - 3x^2 - 4x。
\end{aligned}$$

5.2.3 函数商的求导法则

定理 5.4 设函数 $u(x), v(x)$ 均在点 x 处可导，且 $v(x) \neq 0$，则 $\dfrac{u(x)}{v(x)}$ 在点 x 处也可导，且有
$$\left[\dfrac{u(x)}{v(x)}\right]' = \dfrac{u'(x)v(x) - u(x)v'(x)}{v^2(x)}，$$
该定理同样可以用导数的定义证明，证明过程略。

特别地，当 $u(x) \equiv 1$ 时，$\left[\dfrac{1}{v(x)}\right]' = -\dfrac{v'(x)}{v^2(x)}$。

例 5-14 求函数 $y = \dfrac{x+1}{x-1}$ 的导数。

解：
$$\begin{aligned}
y' &= \left(\dfrac{x+1}{x-1}\right)' = \dfrac{(x+1)'(x-1) - (x+1)(x-1)'}{(x-1)^2} \\
&= \dfrac{(x-1) - (x+1)}{(x-1)^2} = \dfrac{-2}{(x-1)^2}。
\end{aligned}$$

例 5-15 求函数 $y = \tan x$ 的导数。

解: $y' = (\tan x)' = \left(\dfrac{\sin x}{\cos x}\right)' = \dfrac{(\sin x)' \cos x - \sin x (\cos x)'}{\cos^2 x}$

$= \dfrac{\cos^2 x + \sin^2 x}{\cos^2 x} = \dfrac{1}{\cos^2 x} = \sec^2 x$。

练习 5.2

利用导数的四则运算法则，求下列函数的导数。

(1) $f(x) = x^3 + x^2 - 6$

(2) $f(x) = \ln x + e^x$

(3) $f(x) = \cos x + 2^x + 6$

(4) $f(x) = 2x^3 - 3x^2 + 4x + 7$

(5) $f(x) = 3x^4 - 4^{2x} + 2e^x$

(6) $f(x) = 3e^x \cos x$

(7) $f(x) = (2 - 3x)(5 - 6x^2)$

(8) $f(x) = \dfrac{\ln x}{x}$

(9) $f(x) = \dfrac{\sin x}{x}$

(10) $f(x) = \dfrac{x^2 - x + 2}{x + 3}$

5.3 复合函数的导数

前面介绍了基本初等函数的导数公式，以及导数的四则运算法则，但是对于函数 $y = \sin x^2$，$y = e^{2x}$ 等复合函数的导数，直接套用基本公式求它们的导数是行不通的。

例如求 $y = e^{2x}$ 的导数，由初等函数的导数公式 $(e^x)' = e^x$，是否有 $(e^{2x})' = e^{2x}$ 呢？根据指数运算公式 $e^{2x} = e^x \cdot e^x$，用函数乘积的求导法则，可得

$$(e^{2x})' = (e^x \cdot e^x)' = (e^x)' e^x + e^x \cdot (e^x)' = e^x \cdot e^x + e^x \cdot e^x = 2e^{2x},$$

即 $(e^{2x})' = 2e^{2x} \neq e^{2x}$。其原因就在于 $y = e^{2x}$ 是复合函数。本节介绍复合函数的求导法则。

5.3.1 复合函数的求导法则

定理 5.5 如果函数 $u = \varphi(x)$ 在 x 点可导，函数 $y = f(u)$ 在相应的 $u = \varphi(x)$ 点可导，

则复合函数 $y=f[\varphi(x)]$ 在 x 点可导,且

$$\frac{\mathrm{d}y}{\mathrm{d}x}=\frac{\mathrm{d}y}{\mathrm{d}u}\cdot\frac{\mathrm{d}u}{\mathrm{d}x}, \qquad f'(x)=f'(u)\cdot\varphi'(x)。$$

该定理说明,复合函数对自变量的导数等于复合函数对中间变量的导数乘以中间变量对自变量的导数。

证明: 设自变量取得改变量为 Δx,则函数 u 取得相应的改变量为 Δu,函数 y 取得相应的改变量为 Δy。

$$\Delta u=\varphi(x+\Delta x)-\varphi(x),$$
$$\Delta y=f(u+\Delta u)-f(u),$$

因为函数 $u=\varphi(x)$ 在 x 点可导,有 $\lim\limits_{\Delta x\to 0}\dfrac{\Delta u}{\Delta x}=\varphi'(x)$;函数 $y=f(u)$ 在相应的 $u=\varphi(x)$ 点可导,有 $\lim\limits_{\Delta u\to 0}\dfrac{\Delta y}{\Delta u}=f'(u)$;

当 $\Delta u\neq 0$ 时,有

$$\frac{\Delta y}{\Delta x}=\frac{\Delta y}{\Delta u}\cdot\frac{\Delta u}{\Delta x},$$

$$\lim_{\Delta x\to 0}\frac{\Delta y}{\Delta x}=\lim_{\Delta x\to 0}\left(\frac{\Delta y}{\Delta u}\cdot\frac{\Delta u}{\Delta x}\right)=\lim_{\Delta x\to 0}\frac{\Delta y}{\Delta u}\cdot\lim_{\Delta x\to 0}\frac{\Delta u}{\Delta x}=f'(u)\cdot\varphi'(x),$$

即可得

$$f'(x)=f'(u)\cdot\varphi'(x)。$$

可以证明当 $\Delta u=0$ 时上式公式仍然成立。定理得证。

5.3.2 复合函数求导举例

例 5-16 求复合函数 $y=\sin x^2$ 的导数。

解: 设 $y=\sin u, u=x^2$,则

$$y'(x)=(\sin u)'\cdot(x^2)'=\cos u\cdot 2x=2x\cos x^2。$$

例 5-17 求函数 $y=\ln\sin x$ 的导数。

解: 设 $y=\ln u, u=\sin x$,则

$$y'(x)=y'(u)\cdot u'(x)=(\ln u)'\cdot(\sin x)'=\frac{1}{u}\cos x=\frac{\cos x}{\sin x}。$$

例 5-18 求函数 $y=\mathrm{e}^{\sqrt{x}}$ 的导数。

解: 设 $y=\mathrm{e}^u, u=\sqrt{x}$,则

$$y'(x)=y'(u)u'(x)=(\mathrm{e}^u)'\cdot(\sqrt{x})'=\mathrm{e}^u\cdot\frac{1}{2\sqrt{x}}=\frac{\mathrm{e}^{\sqrt{x}}}{2\sqrt{x}}。$$

注意: 上面的定理的结论可以推广到有限个函数构成的复合函数,如果可导函数 $y=f(u), u=g(v), v=\varphi(x)$ 构成复合函数 $y=f\{g[\varphi(x)]\}$,有

$$\frac{dy}{dx} = \frac{dy}{du} \cdot \frac{du}{dv} \cdot \frac{dv}{dx}, \qquad f'(x) = f'(u) \cdot g'(v) \cdot \varphi'(x).$$

例 5-19 求复合函数 $y = (\cos x^2)^2$ 的导数。

解：设 $y = u^2, u = \cos v, v = x^2$，则
$$f'(x) = f'(u)u'(v)v'(x) = (u^2)'(\cos v)'(x^2)' = 2u \cdot (-\sin v) \cdot 2x$$
$$= 2\cos x^2 \cdot (-\sin x^2) \cdot 2x = -2x\sin 2x^2。$$

注意：对复合函数进行分解时，一般要求分解为一些基本初等函数或基本初等函数的四则运算的形式即可。

例 5-20 求函数 $y = \ln\ln\ln x$ 的导数。

解：$y = \ln u, u = \ln v, v = \ln x$ 则
$$f'(x) = f'(u)u'(v)v'(x) = (\ln u)'(\ln v)'(\ln x)' = \frac{1}{u} \cdot \frac{1}{v} \cdot \frac{1}{x}$$
$$= \frac{1}{\ln\ln x} \cdot \frac{1}{\ln x} \cdot \frac{1}{x}。$$

练 习 5.3

求下列复合函数的导数。

(1) $f(x) = e^{2x}$

(2) $f(x) = e^{-2x^2+3x-1}$

(3) $f(x) = (1+2x)^{20}$

(4) $f(x) = \ln(1+x^2)$

(5) $f(x) = \ln(x - \sqrt{1+x^2})$

(6) $f(x) = \log_a(x^2+x+1)$

(7) $f(x) = \ln e^x$

(8) $f(x) = \sqrt{\sin x + \cos x}$

(9) $f(x) = \sin^2(2-3x)$

(10) $f(x) = \sqrt[3]{\ln(x+1)}$

5.4 函数的二阶导数

在某些问题中，对函数的导数再次求导是有意义的。如本章开始时曾介绍，若变速直线运动的物体的路程函数为 $s = s(t)$，物体在 t 时刻的瞬时速度为路程函数 $s(t)$ 对时间

t 的导数,即

$$v(t) = \lim_{\Delta t \to 0} \frac{s(t+\Delta t)-s(t)}{\Delta t} = s'(t),$$

物体的瞬时速度仍是时间的函数 $v=v(t)$,速度函数对时间 t 的导数是物体的加速度,即

$$a(t) = \lim_{\Delta t \to 0} \frac{v(t+\Delta t)-v(t)}{\Delta t} = v'(t),$$

也就是物体的加速度 $a(t)$ 是路程函数 $s=s(t)$ 对时间 t 的导数的导数,称为路程函数 $s=s(t)$ 对时间 t 的二阶导数。

定义 5.3 如果函数 $y=f(x)$ 的导函数 $f'(x)$ 点 x 处可导,则称导函数 $f'(x)$ 在点 x 处的导数为函数 $y=f(x)$ 的**二阶导数**,记为

$$f''(x), y'', \frac{d^2 y}{dx^2} = \frac{d}{dx}\left(\frac{dy}{dx}\right), \frac{d^2 f}{dx^2}.$$

同理定义函数 $y=f(x)$ 的二阶导数 $f''(x)$ 的导数为**三阶导数**;函数 $y=f(x)$ 的 $n-1$ 阶导数 $f^{n-1}(x)$ 的导数为 n **阶导数**;二阶和二阶以上的导数统称为高阶导数。如果函数 $y=f(x)$ 的 n 阶导数存在,则称函数 $y=f(x)$ 为 n **阶可导**。

例 5-21 求函数 $y=ax^2+bx+c(a,b,c$ 为常数)的二阶导数 y''。

解: $\quad y' = (ax^2+bx+c)' = 2ax+b,$

$\quad\quad\quad y'' = (2ax+b)' = 2a。$

例 5-22 设函数 $y=\sin x^2$,求 y''。

解: $\quad y' = (\sin x^2)' = 2x\cos x^2,$

$y'' = 2(x\cos x^2)' = 2[\cos x^2 + x(-2x\sin x^2)] = 2\cos x^2 - 4x^2 \sin x^2。$

例 5-23 求函数 $y=x^4$ 的二阶导数。

解: $y' = (x^4)' = 4x^3, y'' = (y')' = (4x^3)' = 12x^2。$

例 5-24 求函数 $y=\ln(1+x)$ 的二阶导数。

解: $\quad y' = [\ln(1+x)]' = \frac{(1+x)'}{1+x} = \frac{1}{1+x},$

$\quad\quad\quad y'' = (y')' = \left(\frac{1}{1+x}\right)' = -\frac{1}{(1+x)^2}。$

例 5-25 求函数 $y=e^x \sin x$ 的二阶导数。

解: $y' = (e^x \sin x)' = (e^x)' \sin x + e^x (\sin x)' = e^x(\sin x + \cos x),$

$\quad y'' = (y')' = [e^x(\sin x + \cos x)]'$

$\quad\quad = e^x(\sin x + \cos x) + e^x(\cos x - \sin x)$

$\quad\quad = 2e^x \cos x。$

练 习 5.4

求下列函数的二阶导数。

(1) $f(x)=3x^3+7x^2+9$

(2) $f(x)=(x+10)^6$

(3) $f(x)=2x^2+\ln x$

(4) $f(x)=2^x+\sin x$

(5) $f(x)=(1+x^2)\ln(1+x^2)$

(6) $f(x)=x^2\cos x$

(7) $f(x)=e^{-x}+e^x$

(8) $f(x)=xe^{x^2}$

(9) $f(x)=\log_5 x^2$

(10) $f(x)=\cos^2(1+2x^2)$

5.5 函数的微分

函数的微分是微分学的另一个基本概念。函数的导数描述的是自变量 x 的变化引起函数变化快慢程度。有时还需求解当自变量有一个微小改变量时，函数相应的改变量的大小，而当函数式比较复杂时，相应函数的改变量的计算也很复杂。为此引入微分的概念，它是一个计算函数改变量近似值的方法。

5.5.1 微分的定义

根据导数的定义，函数 $y=f(x)$ 的导数为当 $\Delta x\to 0$ 时，比值 $\dfrac{\Delta y}{\Delta x}$ 的极限。当函数式比较复杂时，自变量的一个微小变化 Δx 引起的函数值的改变量 Δy 的精确计算也很复杂，那么能否借助 $\dfrac{\Delta y}{\Delta x}$ 的极限(即导数)和 Δx 来近似地计算 Δy？先来看一个例子。

引例：一个正方形的铁片，受热后均匀膨胀，边长由 a 变为 $a+\Delta a$，试问铁片的面积改变了多少？

正方形铁片的面积的计算公式：

$$s(a)=a^2,$$

故面积的改变量为

$$\Delta s = s(a+\Delta a) - s(a) = (a+\Delta a)^2 - a^2 = 2a\Delta a + (\Delta a)^2。$$

Δs 由两部分构成:$2a\Delta a$ 是关于 Δa 的线性函数,$(\Delta a)^2$ 是比 Δa 高阶的无穷小,$(\Delta a)^2 = o(\Delta a)$;当 $|\Delta a|$ 很小时,$(\Delta a)^2 = o(\Delta a)$ 更小。如果将高阶无穷小 $(\Delta a)^2$ 忽略不计,则有

$$\Delta s \approx 2a\Delta a。$$

而
$$s'(a) = (a^2)' = 2a,$$
因此有
$$\Delta s \approx s'(a)\Delta a。$$

也就是说当自变量有一个微小的改变量 Δa 时,面积的改变量近似为面积函数的导数与 Δa 的乘积,这个乘积称为面积的微分,记为 ds。可以证明这个结论对一般的可微函数也是正确的。

定义 5.4 设函数 $y = f(x)$ 在点 x 处可导,其导数为 $f'(x)$,当自变量的改变量为 Δx 时,那么称 $f'(x) \cdot \Delta x$ 为函数 $y = f(x)$ 在点 x 处的微分,记为 dy,即

$$dy = f'(x) \cdot \Delta x。$$

若 $y = x$,则
$$dy = dx = (x)' \cdot \Delta x = \Delta x,$$
即自变量的微分就是它的改变量。函数的微分可以写成
$$dy = f'(x)dx, \tag{5-5-1}$$
函数的微分等于函数的导数与自变量微分的乘积。

式(5-5-1)还可以写为
$$\frac{dy}{dx} = f'(x),$$

前面在导数的定义中曾提到用 $\dfrac{dy}{dx}$ 表示导数,这实际上就是函数的微分与自变量的微分的商,因此导数通常也称为微商。

由微分的定义可知,函数可微必可导,如果函数 $y = f(x)$ 在点 x 处可导,由导数定义有

$$f'(x) = \lim_{\Delta x \to 0} \frac{\Delta y}{\Delta x},$$

$$\frac{\Delta y}{\Delta x} = f'(x) + \alpha \quad (\Delta x \to 0 \text{ 时}, \alpha \to 0),$$

$$\Delta y = f'(x)\Delta x + \alpha\Delta x,$$

$$\Delta y = f'(x)dx + \alpha\Delta x = dy + \alpha\Delta x,$$

则当 Δx 很小时,Δy 与 dy 相差很小,故有
$$\Delta y \approx f'(x)dx = dy。$$

表明函数 $y = f(x)$ 在点 x 处取得微小改变量时,Δy 可以用 dy 近似代替。因此函数的微分是计算函数改变量的近似计算方法。

例 5-26 求函数 $y=x^2$ 在 $x=1, \Delta x=0.01$ 的改变量及微分。

解：$\Delta y=(1+0.01)^2-1^2=1.020\,1-1=0.020\,1$,

$$dy\big|_{x=1}=y'(1)dx=2x\big|_{x=1}\Delta x=2\times1\times0.01=0.02,$$

可见
$$\Delta y\approx dy。$$

例 5-27 已知 $y=\ln x$，求 $dy, dy\big|_{x=3}$。

解：
$$dy=(\ln x)'dx=\frac{1}{x}dx,$$

$$dy\big|_{x=3}=\frac{1}{x}\bigg|_{x=3}\cdot dx=\frac{1}{3}dx。$$

例 5-28 设 $y=\tan x$，求微分 dy。

解：$dy=(\tan x)'dx=\sec^2 x\,dx$。

5.5.2 微分的运算法则

根据
$$dy=f'(x)dx,$$

由基本初等函数的导数公式可以直接写出基本初等函数的微分公式：

(1) $y=\sin x$,　　$dy=\cos x\,dx$;

(2) $y=\cos x$,　　$dy=-\sin x\,dx$;

(3) $y=x^n$,　　$dy=nx^{n-1}dx$;

(4) $y=a^x$,　　$dy=a^x\ln a\,dx$;

(5) $y=e^x$,　　$dy=e^x dx$;

(6) $y=\log_a x$,　　$dy=\frac{1}{x\ln a}dx$;

(7) $y=\ln x$,　　$dy=\frac{1}{x}dx$。

同样可以从导数的运算法则推出函数微分的运算法则。

设 u,v 都是 x 的函数且都可微，则有

(1) $d(u\pm v)=du\pm dv$;

(2) $d(uv)=vdu+udv, d(Cu)=Cdu$（C 为常数）；

(3) $d\left(\dfrac{u}{v}\right)=\dfrac{vdu-udv}{v^2}(v\neq 0)$。

例 5-29 求函数 $y=2^x+\ln x$ 的微分。

解：$dy=d(2^x+\ln x)=d(2^x)+d(\ln x)=2^x\ln 2\,dx+\dfrac{1}{x}dx=\left(2^x\ln 2+\dfrac{1}{x}\right)dx$。

例 5-30 求函数 $y=\dfrac{\sin x}{x}$ 的微分

解：$dy=d\left(\dfrac{\sin x}{x}\right)=\dfrac{xd(\sin x)-\sin xdx}{x^2}=\dfrac{x\cos xdx-\sin xdx}{x^2}=\dfrac{x\cos x-\sin x}{x^2}dx$。

5.5.3 复合函数的微分

设函数 $y=f(u),u=\varphi(x)$，则函数 $y=f[\varphi(x)]$ 的微分为
$$dy=y'dx=f'(u)\varphi'(x)dx,$$
由于
$$\varphi'(x)dx=du,$$
所以有
$$dy=f'(u)du,$$
即对于函数 $y=f(u)$ 来说，不管 u 是自变量还是中间变量，总有
$$dy=f'(u)du。$$
这个性质称为微分形式不变性。

例 5-31 设 $y=\tan x^2$，求微分 dy。

解：$dy=d(\tan x^2)=(\sec^2 x^2)dx^2=(\sec^2 x^2)\cdot 2xdx=2x(\sec^2 x^2)dx$。

例 5-32 设 $y=e^{1-3x}$，求微分 dy。

解：$dy=d(e^{1-3x})=e^{1-3x}d(1-3x)=e^{1-3x}(-3dx)=-3e^{1-3x}dx$。

例 5-33 设 $y=e^{-2x}\cos 2x$，求微分 dy。

解：$dy=d(e^{-2x}\cos 2x)=e^{-2x}d(\cos 2x)+\cos 2xd(e^{-2x})$
$=e^{-2x}(-2\sin 2x)dx+\cos 2x(-2e^{-2x})dx$
$=-2e^{-2x}(\sin 2x+\cos 2x)dx$。

练习 5.5

1. 求 $f(x)=\dfrac{x}{1+x^2}$ 在 $x=0,\Delta x=0.01$ 处的微分。

2. 用适当函数填入下列括号内。

   (1) $d(\quad)=\dfrac{1}{1+x}dx$ (2) $d(\quad)=\dfrac{1}{\sqrt{x}}dx$

   (3) $dx=(\quad)d(8x+5)$ (4) $d(\quad)=\cos 3xdx$

3. 求下列函数的微分。

   (1) $f(x)=xe^x$ (2) $f(x)=(3x^3+8x)(2x+3)$

   (3) $f(x)=(x+5)\cdot 4^x$ (4) $f(x)=(\cos x+\sin x)e^x$

习 题 5

1. 填空题

(1) 设 $f'(0)=1$,则 $\lim\limits_{x\to 0}\dfrac{f(2x)-f(0)}{x}=$ _____。

(2) 曲线 $y=x^2-\ln x$ 在点 $(1,1)$ 处的切线方程为 _____。

(3) 设 $f(x)$ 可导且 $f'(1)=2$,则 $\dfrac{\mathrm{d}}{\mathrm{d}x}f(\sqrt{x})|_{x=1}=$ _____。

(4) 设 $f(x)=\dfrac{\sqrt{x}}{x+1}$,则 $\mathrm{d}f(x)=$ _____。

(5) 设 $\dfrac{\mathrm{d}}{\mathrm{d}x}f(\ln x)=x$,则 $f''(x)=$ _____。

2. 单项选择题

(1) 设 $f(x)$ 在点 x_0 可导,则 $\lim\limits_{h\to 0}\dfrac{f(x_0)-f(x_0-h)}{2h}=$ ( )。

A. $f'(x_0)$ B. $-f'(x_0)$

C. $\dfrac{f'(x_0)}{2}$ D. $-\dfrac{f'(x_0)}{2}$

(2) 设 $f(u)$ 可导,则 $\dfrac{\mathrm{d}}{\mathrm{d}x}f(\sin^2 x)=$ ( )。

A. $2\sin x f'(\sin^2 x)$ B. $\cos^2 x f'(\sin^2 x)$

C. $\sin 2x f'(\sin^2 x)$ D. $\sin x\cos x f'(\sin^2 x)$

(3) 设 $f(x)$ 在 $x=a$ 的某邻域内有定义,若 $\lim\limits_{x\to a}\dfrac{f(x)-f(a)}{a-x}=\mathrm{e}-1$,则 $f'(a)=$ ( )。

A. $1-\mathrm{e}$ B. e

C. -1 D. 0

(4) 若 $f'(x_0)=3$,则 $\lim\limits_{\Delta x\to 0}\dfrac{f(x_0+\Delta x)-f(x_0-\Delta x)}{\Delta x}=$ ( )。

A. 3 B. 3

C. -6 D. 6

3. 当 x 取何值时,曲线 $f(x)=x^2$ 和 $f(x)=x^3$ 的切线平行。

4. 在曲线 $f(x)=x^3$ 上求一点,使得曲线在该点处的切线斜率为 9。

5. 抛物线 $f(x)=x^2+1$ 上哪一点的切线平行于 $f(x)=2x+3$。

6. 求下列函数的导数、微分及二阶导数。

(1) $f(x)=x^3(1+\sqrt{x})$ (2) $f(x)=\dfrac{\mathrm{e}^x-\mathrm{e}^{-x}}{\mathrm{e}^x+\mathrm{e}^{-x}}$

(3) $f(x) = xe^x \cos x$

(4) $f(x) = \dfrac{x}{4^x}$

(5) $f(x) = e^{2x^2+3x+5}$

(6) $f(x) = \dfrac{1}{4}\ln\dfrac{1+x}{1-x}$

(7) $f(x) = 1 + xe^x$

(8) $f(x) = e^{\ln(x+1)}$

7. 设某产品的总成本函数和总收入函数分别为
$$C(x) = 3 + 2\sqrt{x}, \quad R(x) = \dfrac{5x}{x+1},$$
其中 x 为该产品的产量，求该产品的边际成本、边际收入和边际利润。

（注：产品的边际成本等于总成本函数对产量的导数，边际收入等于总收入函数对产量的导数，边际利润为边际收入与边际成本之差。）

第6章 导数的应用

本章导读

利用函数的导数,可以研究函数的某些性态,如函数的单调性、极值、曲线的凹凸性及拐点等;经济分析中变化率的计算、边际分析、弹性分析等。本章介绍洛必达法则、函数单调性的判定、函数的极值与最值、函数的凹凸性和拐点、导数在经济分析中的应用。

本章学习的基本要求:
1. 掌握洛必达法则计算未定式极限的方法;
2. 理解函数极值的概念,掌握函数单调性的判定及极值的求法;
3. 会求简单的最值问题;
4. 会判断函数的凹凸性,会求函数的拐点;
5. 掌握导数在经济分析中的应用。

思维导图

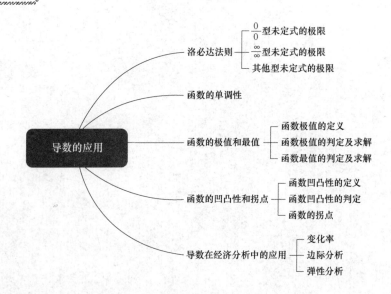

6.1 洛必达法则

在分析函数极限时,会存在当 $\Delta x \to 0$,函数 $f(x)$ 和函数 $g(x)$ 的极限同时趋向于零或同时趋向于无穷大的情况,其极限 $\lim\limits_{\Delta x \to 0}\dfrac{f(x)}{g(x)}$ 可能存在也可能不存在,这种类型的极限称为**未定式**。本节介绍求未定式的极限的一种有效的方法——**洛必达法则**。

6.1.1 $\dfrac{0}{0}$ 型未定式的极限

定理 6.1 设函数 $f(x)$、$g(x)$ 满足:

(1) $\lim\limits_{x \to a} f(x) = 0$,$\lim\limits_{x \to a} g(x) = 0$;

(2) 在点 a 的某个邻域内(点 a 可除外)$f'(x)$、$g'(x)$ 均存在,且 $g'(x) \neq 0$;

(3) $\lim\limits_{x \to a}\dfrac{f'(x)}{g'(x)} = A$(或 ∞);

则
$$\lim_{x \to a}\frac{f(x)}{g(x)} = \lim_{x \to a}\frac{f'(x)}{g'(x)} = A(\text{或}\infty)。$$

例 6-1 求极限 $\lim\limits_{x \to 2}\dfrac{x^2 - 4}{x - 2}$。

解:当 $x \to 2$ 时,$x^2 - 4 \to 0$ 和 $x - 2 \to 0$,这是 $\dfrac{0}{0}$ 型未定式,由洛必达法则,有

$$\lim_{x \to 2}\frac{x^2 - 4}{x - 2} = \lim_{x \to 2}\frac{(x^2 - 4)'}{(x - 2)'} = \lim_{x \to 2}\frac{2x}{1} = 4。$$

例 6-2 求极限 $\lim\limits_{x \to 1}\dfrac{\ln x}{(1 - x)^2}$。

解:当 $x \to 1$ 时,$\ln x \to 0$ 和 $(1 - x)^2 \to 0$,这是 $\dfrac{0}{0}$ 型未定式,由洛必达法则,有

$$\lim_{x \to 1}\frac{\ln x}{(1 - x)^2} = \lim_{x \to 1}\frac{(\ln x)'}{[(1 - x)^2]'} = \lim_{x \to 1}\frac{\dfrac{1}{x}}{-2(1 - x)} = -\frac{1}{2}\lim_{x \to 1}\frac{1}{x(1 - x)} = \infty。$$

如果 $x \to a$ 时,$\dfrac{f'(x)}{g'(x)}$ 仍为 $\dfrac{0}{0}$ 型未定式,且 $f'(x)$、$g'(x)$ 仍满足定理 6.1 的条件,那么可以继续使用洛必达法则,即

$$\lim_{x \to a}\frac{f(x)}{g(x)} = \lim_{x \to a}\frac{f'(x)}{g'(x)} = \lim_{x \to a}\frac{f''(x)}{g''(x)}。$$

例 6-3 求极限 $\lim\limits_{x \to 0}\dfrac{x - \sin x}{x^3}$。

解：当 $x \to 0$ 时，$x - \sin x \to 0$ 和 $x^3 \to 0$，这是 $\dfrac{0}{0}$ 型未定式，由洛必达法则，有

$$\lim_{x \to 0} \frac{x - \sin x}{x^3} = \lim_{x \to 0} \frac{(x - \sin x)'}{(x^3)'} = \lim_{x \to 0} \frac{1 - \cos x}{3x^2}。$$

上式中当 $x \to 0$ 时，$1 - \cos x \to 0$ 和 $3x^2 \to 0$，仍是 $\dfrac{0}{0}$ 型未定式，可继续使用洛必达法则，有

$$\lim_{x \to 0} \frac{x - \sin x}{x^3} = \lim_{x \to 0} \frac{1 - \cos x}{3x^2} = \lim_{x \to 0} \frac{(1 - \cos x)'}{(3x^2)'} = \lim_{x \to 0} \frac{\sin x}{6x} = \frac{1}{6}。$$

但要注意使用洛必达法则后，如果函数已经不属于 $\dfrac{0}{0}$ 型未定式，则不能继续使用洛必达法则。

例 6-4 求极限 $\lim\limits_{x \to 1} \dfrac{x^3 - 3x + 2}{x^3 - x^2 - x + 1}$。

解：$\lim\limits_{x \to 1} \dfrac{x^3 - 3x + 2}{x^3 - x^2 - x + 1} = \lim\limits_{x \to 1} \dfrac{(x^3 - 3x + 2)'}{(x^3 - x^2 - x + 1)'} = \lim\limits_{x \to 1} \dfrac{3x^2 - 3}{3x^2 - 2x - 1}$

$$= \lim_{x \to 1} \frac{(3x^2 - 3)'}{(3x^2 - 2x - 1)'} = \lim_{x \to 1} \frac{6x}{6x - 2} = \frac{3}{2}。$$

上式中 $\lim\limits_{x \to 1} \dfrac{6x}{6x - 2}$ 已不是 $\dfrac{0}{0}$ 型未定式，不能再对它用洛必达法则，否则会出现错误。

6.1.2 $\dfrac{\infty}{\infty}$ 型未定式的极限

定理 6.2 设函数 $f(x)$、$g(x)$ 满足：

(1) $\lim\limits_{x \to a} f(x) = \infty$，$\lim\limits_{x \to a} g(x) = \infty$；

(2) 在点 a 的某个邻域内（点 a 可除外）$f'(x)$、$g'(x)$ 均存在，且 $g'(x) \neq 0$；

(3) $\lim\limits_{x \to a} \dfrac{f'(x)}{g'(x)} = A$（或 ∞）；

则

$$\lim_{x \to a} \frac{f(x)}{g(x)} = \lim_{x \to a} \frac{f'(x)}{g'(x)} = A（或 \infty）。$$

如果 $x \to a$ 时，$\dfrac{f'(x)}{g'(x)}$ 仍为 $\dfrac{\infty}{\infty}$ 型未定式，且 $f'(x)$、$g'(x)$ 仍满足定理 6.2 的条件，那么可以继续使用洛必达法则，即

$$\lim_{x \to a} \frac{f(x)}{g(x)} = \lim_{x \to a} \frac{f'(x)}{g'(x)} = \lim_{x \to a} \frac{f''(x)}{g''(x)}。$$

对于定理 6.1 和定理 6.2，把 $x \to a$ 改为 $x \to \infty$ 仍然成立。

例 6-5 求极限 $\lim\limits_{x \to +\infty} \dfrac{x^2}{e^x}$。

解：当 $x \to +\infty$ 时，$x^2 \to \infty$ 和 $e^x \to \infty$，是 $\dfrac{\infty}{\infty}$ 型未定式，由洛必达法则，有

$$\lim_{x\to+\infty}\frac{x^2}{e^x}=\lim_{x\to+\infty}\frac{(x^2)'}{(e^x)'}=\lim_{x\to+\infty}\frac{2x}{e^x}=\lim_{x\to+\infty}\frac{(2x)'}{(e^x)'}=\lim_{x\to+\infty}\frac{2}{e^x}=0。$$

例 6-6 求极限 $\lim\limits_{x\to\frac{\pi}{2}}\dfrac{\tan x}{\cot 2x}$。

解：当 $x\to\dfrac{\pi}{2}$ 时，$\tan x\to\infty$ 和 $\cot 2x\to\infty$，是 $\dfrac{\infty}{\infty}$ 型未定式，由洛必达法则，有

$$\lim_{x\to\frac{\pi}{2}}\frac{\tan x}{\cot 2x}=\lim_{x\to\frac{\pi}{2}}\frac{(\tan x)'}{(\cot 2x)'}=\lim_{x\to\frac{\pi}{2}}\frac{\sec^2 x}{-2\csc^2 2x}=-\frac{1}{2}\lim_{x\to\frac{\pi}{2}}\frac{\sin^2 2x}{\cos^2 x}。$$

当 $x\to\dfrac{\pi}{2}$ 时，$\sin^2 2x\to 0$ 和 $\cos^2 x\to 0$，是 $\dfrac{0}{0}$ 型未定式，由洛必达法则，有

$$上式=-\frac{1}{2}\lim_{x\to\frac{\pi}{2}}\frac{(\sin^2 2x)'}{(\cos^2 x)'}=-\frac{1}{2}\lim_{x\to\frac{\pi}{2}}\frac{4\sin 2x\cos 2x}{-2\cos x\sin x}=2\lim_{x\to\frac{\pi}{2}}\cos 2x=-2。$$

6.1.3 其他类型的未定式的极限

除了 $\dfrac{0}{0}$ 型和 $\dfrac{\infty}{\infty}$ 型未定式外，还有 $0\cdot\infty$ 型、$\infty-\infty$ 型、0^0 型等类型的未定式，求解这些类型的未定式的极限时，均可以先将其转化为 $\dfrac{\infty}{\infty}$ 或 $\dfrac{0}{0}$ 型，然后用洛必达法则求解。

例 6-7 求极限 $\lim\limits_{x\to 0^+}x\ln x$。

解：当 $x\to 0^+$ 时，$x\to 0$ 和 $\ln x\to\infty$，是 $0\cdot\infty$ 型未定式，可将其先转化为 $\dfrac{\infty}{\infty}$ 型未定式，再利用洛必达法则求解。

$$\lim_{x\to 0^+}x\ln x=\lim_{x\to 0^+}\frac{\ln x}{x^{-1}}=\lim_{x\to 0^+}\frac{(\ln x)'}{(x^{-1})'}=\lim_{x\to 0^+}\frac{\frac{1}{x}}{-x^{-2}}=-\lim_{x\to 0^+}x=0。$$

例 6-8 求极限 $\lim\limits_{x\to 0}\left(\dfrac{1}{\sin x}-\dfrac{1}{x}\right)$。

解：当 $x\to 0$ 时，$\dfrac{1}{\sin x}\to\infty$ 和 $\dfrac{1}{x}\to\infty$，是 $\infty-\infty$ 型未定式，可将其先转化为 $\dfrac{0}{0}$ 型未定式，再利用洛必达法则求解。

$$\lim_{x\to 0}\left(\frac{1}{\sin x}-\frac{1}{x}\right)=\lim_{x\to 0}\frac{x-\sin x}{x\sin x}=\lim_{x\to 0}\frac{(x-\sin x)'}{(x\sin x)'}$$
$$=\lim_{x\to 0}\frac{1-\cos x}{\sin x+x\cos x}$$
$$=\lim_{x\to 0}\frac{(1-\cos x)'}{(\sin x+x\cos x)'}$$
$$=\lim_{x\to 0}\frac{\sin x}{2\cos x-x\sin x}=0。$$

练习 6.1

求下列各极限。

(1) $\lim\limits_{x\to 0}\dfrac{e^x-e^{-x}}{x}$

(2) $\lim\limits_{x\to 1}\dfrac{\ln x}{x^2-1}$

(3) $\lim\limits_{x\to\infty}\dfrac{x-\sin x}{x+\sin x}$

(4) $\lim\limits_{x\to +\infty}\dfrac{\ln(1+e^x)}{e^x}$

(5) $\lim\limits_{x\to 1}\left(\dfrac{x}{x-1}-\dfrac{1}{\ln x}\right)$

(6) $\lim\limits_{x\to 0}\dfrac{x}{\ln\cos x}$

(7) $\lim\limits_{x\to 0}\dfrac{\tan x-x}{x-\sin x}$

(8) $\lim\limits_{x\to +\infty}\dfrac{x^n}{e^{2x}}$ (n 为正整数)

(9) $\lim\limits_{x\to 0^+}x^2\ln x$

(10) $\lim\limits_{x\to 0}\dfrac{x+\sin x}{2x-\ln(1-2x)}$

6.2 函数的单调性

函数的单调性是函数的一个基本属性,在研究函数图形时往往需要考虑其单调性的变化规律。本节介绍利用函数的导数来判定函数单调性的方法。

定理 6.3（函数单调性的判别方法） 设函数 $y=f(x)$ 在 (a,b) 内可导,

(1) 如果在 (a,b) 内恒有 $f'(x)>0$,则函数 $y=f(x)$ 在 (a,b) 上单调增加；

(2) 如果在 (a,b) 内恒有 $f'(x)<0$,则函数 $y=f(x)$ 在 (a,b) 上单调减少。

例 6-9 判断函数 $y=x-\sin x$ 在 $(0,2\pi)$ 内的单调性。

解：因为在 $(0,2\pi)$ 内

$$y'=1-\cos x>0,$$

所以由判别法可知,函数 $y=x-\sin x$ 在 $(0,2\pi)$ 内是单调增加的。

例 6-10 确定函数 $y=x^2$ 的单调性。

解:函数 $y=x^2$ 的定义域是 $(-\infty,+\infty)$,函数的导数 $y'=f'(x)=2x$。

当 $x=0$ 时,$y'=0$。

在区间 $(-\infty,0)$ 内 $f'(x)<0$,所以函数 $y=x^2$ 在 $(-\infty,0)$ 内单调减少。

在区间 $(0,+\infty)$ 内 $f'(x)>0$,所以函数 $y=x^2$ 在 $(0,+\infty)$ 内单调增加。

由该例题可见,导数为零的点是函数的单调减少与单调增加区间的分界点。

定义 6.1 使 $f'(x)=0$ 的点称为 $f(x)$ 的**驻点**。

可能使 $f(x)$ 的单调增减分界点除了驻点外,还有不可导的点。总结判定 $f(x)$ 的单调增减性的方法:

(1) 确定 $f(x)$ 的定义域并计算函数的导数;

(2) 找出 $f(x)$ 的驻点($f'(x)=0$ 的点)和不可导的点,用这些点将定义区间分成若干个小区间;

(3) 在每个小区间上用 $f'(x)$ 的符号判定函数的单调性。

例 6-11 判定函数 $f(x)=x^3-3x^2-9x+1$ 的单调性。

解:函数 $f(x)$ 的定义域是 $(-\infty,+\infty)$,
$$f'(x)=3x^2-6x-9=3(x+1)(x-3),$$
令 $f'(x)=0$,可得 $x=-1$ 和 $x=3$ 是函数的两个驻点;导数 $f'(x)$ 的两个驻点将函数的定义域 $(-\infty,+\infty)$ 分成三个区间 $(-\infty,-1),(-1,3),(3,+\infty)$,在三个区间内分别讨论函数的单调性。

在 $(-\infty,-1)$ 内 $f'(x)>0$,因此函数 $f(x)$ 在 $(-\infty,-1)$ 内单调增加;

在 $(-1,3)$ 内 $f'(x)<0$,因此函数 $f(x)$ 在 $(-1,3)$ 内单调减少;

在 $(3,+\infty)$ 内 $f'(x)>0$,因此函数 $f(x)$ 在 $(3,+\infty)$ 内单调增加。

函数 $f(x)$ 的单调性见图 6-1。

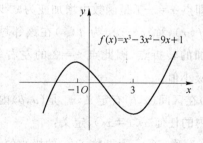

图 6-1

一般情况下,我们用列表的方法更方便清晰,见表 6-1。

表 6-1

x	$(-\infty,-1)$	-1	$(-1,3)$	3	$(3,+\infty)$
$f'(x)$	$+$	0	$-$	0	$+$
$f(x)$	↗		↘		↗

(符号↗表示函数在该区间单调增加,符号↘表示函数在该区间单调减少。)

练习 6.2

1. 如果函数 $y=f(x)$ 的导数如下,问函数在什么区间内单调增加?

(1) $f'(x)=x(x-2)$

(2) $f'(x)=(x+1)^2(x+2)$

(3) $f'(x)=x^3(2x-1)$

(4) $f'(x)=\dfrac{2}{(1+x)^3}$

2. 求以下函数的单调区间。

(1) $f(x)=x^3-3x$

(2) $f(x)=\sqrt[5]{x^4}$

(3) $f(x)=x^2-5x+6$

(4) $f(x)=\dfrac{1}{x}$

(5) $f(x)=2x^2-\ln x$

(6) $f(x)=x-e^x$

6.3 函数的极值和最值

6.3.1 函数极值的定义

在例 6-11 中,当 x 从点 $x=-1$ 的左边邻近变到右边邻近时,函数 $f(x)=x^3-3x^2-9x+1$ 由单调增加变为单调减少,即点 $x=-1$ 是函数由增加变为减少的转折点,因此点 $x=-1$ 的左右邻近恒有 $f(-1)>f(x)$,称 $f(-1)$ 为 $f(x)$ 在该邻域中的极大值。同样的,点 $x=3$ 是函数由减少变为增加的转折点,因此点 $x=3$ 的左右邻近恒有 $f(3)<f(x)$,称 $f(3)$ 为 $f(x)$ 在该邻域中的极小值。

定义 6.2 设函数 $f(x)$ 在区间 (a,b) 有定义,x_0 是 (a,b) 内的一个点,如果存在点 x_0 的一个邻域,对于这个邻域内的任何 $x(x\neq x_0)$,定义:

(1) 若总有 $f(x)>f(x_0)$,称 $f(x_0)$ 为函数 $f(x)$ 的极小值,点 x_0 称为函数 $f(x)$ 的**极小值点**;

(2) 若总有 $f(x)<f(x_0)$,称 $f(x_0)$ 为函数 $f(x)$ 的极大值,点 x_0 称为函数 $f(x)$ 的**极**

大值点。

函数的极大值和极小值统称为函数的**极值**;使函数取得极值的点称为**极值点**。

注意:函数的极值概念是局部的概念。$f(x_0)$是函数 $f(x)$的一个极大(小)值,仅就 x_0 附近的一个局部范围而言,因此一般来说,极值不是唯一的,见图 6-2 中,有两个极大值和两个极小值。

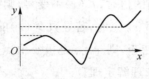

图 6-2

并且可以看出,对于同一个函数而言,极大值也可能小于极小值。

6.3.2 函数极值的判定及求解

定理 6.4 (极值存在的必要条件)若函数 $y=f(x)$在点 x_0 可导,并且在点 x_0 处取得极值,则 $f'(x_0)=0$。

证明:不妨设 $y=f(x)$在点 x_0 处取得极大值,由定义在点 x_0 的邻域内,

$$f(x)<f(x_0),$$

即

$$f(x)-f(x_0)<0,$$

再由 $y=f(x)$在点 x_0 可导,导数为

$$f'(x_0)=\lim_{x\to x_0}\frac{f(x)-f(x_0)}{x-x_0},$$

且

$$f'(x_0)=f'_+(x_0)=\lim_{x\to x_0^+}\frac{f(x)-f(x_0)}{x-x_0}\leqslant 0,$$

$$f'(x_0)=f'_-(x_0)=\lim_{x\to x_0^-}\frac{f(x)-f(x_0)}{x-x_0}\geqslant 0,$$

而可得 $f'(x_0)=f'_+(x_0)=f'_-(x_0)$,所以 $f'(x_0)=0$。
定理得证。

注意:

(1) $f'(x_0)=0$ 是可导函数 $f(x)$取得极值的必要条件;

(2) 在函数可导的条件下,导数不等于零的点一定不是极值点;即此时极值点一定产生于驻点。但驻点不一定是极值点。如 $y=x^3$,$y'=3x^2$,$x=0$ 是驻点,但不是极值点。

(3) 若函数 $f(x)$在 x_0 有定义,但在 x_0 不可导即 $f'(x_0)$不存在,x_0 也可能是极值点。如 $f(x)=|x|$,在 $x=0$ 点不可导,但从图形上可知,$x=0$ 是极小值点。

(4) 一般对于函数 $f(x)$，极值点产生于驻点和导数不存在的点。

定理 6.5 （判别极值的第一充分条件）设函数 $f(x)$ 在点 x_0 的某邻域内连续且可导〔但 $f'(x_0)$ 可以不存在〕，如果

(1) 当 $x<x_0$ 时，$f'(x)>0$；$x>x_0$ 时，$f'(x)<0$，则函数 $f(x)$ 在点 x_0 取得极大值；

(2) 当 $x<x_0$ 时，$f'(x)<0$；$x>x_0$ 时，$f'(x)>0$，则函数 $f(x)$ 在点 x_0 取得极小值；

(3) 当取点 x_0 的左、右两侧的值时，$f'(x)$ 不变号，则函数 $f(x)$ 在点 x_0 无极值。

定理 6.5 的意义是当 x 经过 x_0 点时，若导数 $f'(x)$ 的符号由正变负，则 x_0 点是极大值点；若导数 $f'(x)$ 的符号由负变正，则 x_0 点是极小值点；若导数 $f'(x)$ 不变号，那么 x_0 点不是极值点。可以从图 6-3 来理解定理。

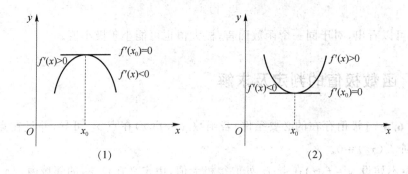

图 6-3

见图 6-3(1) 自变量 x 沿 x 轴从 x_0 左侧经过 x_0 点到右侧，当 $x<x_0$ 时，$f'(x)>0$，函数 $f(x)$ 单调增加，曲线上升，在 x_0 达到峰值，过 x_0 后，$x>x_0$ 时，$f'(x)<0$，函数 $f(x)$ 单调减少，曲线下降。因此 x_0 点是函数的极大值点，可以验证定理 6.5(1)。同理图 6-3(2) 可以验证定理 6.5(2)。

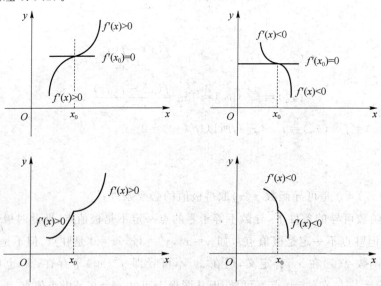

图 6-4

而当自变量 x 沿 x 轴从 x_0 左侧经过 x_0 点到右侧时,$f'(x)$ 不变号,见图 6-4,点 x_0 两侧函数 $f(x)$ 的单调性不变,x_0 点不是极值点,可以验证定理 6.5(3)。

综合定理 6.4 和定理 6.5,可得求函数极值的步骤如下:

(1) 确定函数 $f(x)$ 的定义域,求出导函数 $f'(x)$;
(2) 令 $f'(x)=0$,找到函数的所有驻点及所有 $f'(x)$ 不存在的点;
(3) 检查上述的点两侧邻近 $f'(x)$ 的符号(可列表),确定极值点;
(4) 求各极值点的函数值。

例 6-12 求函数 $y=(x-1)^2(x+1)^3$ 的极值。

解:函数 y 的定义域为 $(-\infty,+\infty)$,又
$$y'=2(x-1)(x+1)^3+3(x-1)^2(x+1)^2=(x+1)^2(x-1)(5x-1),$$
令 $y'=0$,驻点 $x=-1, x=\dfrac{1}{5}, x=1$;没有 y' 不存在的点。列表见表 6-2。

表 6-2

x	$(-\infty,-1)$	-1	$\left(-1,\dfrac{1}{5}\right)$	$\dfrac{1}{5}$	$\left(\dfrac{1}{5},1\right)$	1	$(1,+\infty)$
y'	$+$	0	$+$	0	$-$	0	$+$
y	↗	无极值	↗	极大值	↘	极小值	↗

根据定理 6.5,极大值点 $x=\dfrac{1}{5}$,函数极大值 $y\left(\dfrac{1}{5}\right)=\dfrac{3\,456}{3\,125}$;极小值点 $x=1$,极小值 $y(1)=0$。

例 6-13 设 $f(x)=(x-2)^2(x+1)^{\frac{2}{3}}$,求极值。

解:函数 $f(x)$ 的定义域为 $(-\infty,+\infty)$,又
$$f'(x)=2(x-2)(x+1)^{\frac{2}{3}}+\dfrac{2}{3}(x-2)^2(x+1)^{-\frac{1}{3}}=\dfrac{2(x-2)(4x+1)}{3\sqrt[3]{x+1}},$$
令 $f'(x)=0$,驻点 $x=2, x=-\dfrac{1}{4}$;$f'(x)$ 不存在的点:$x=-1$。列表见表 6-3。

表 6-3

x	$(-\infty,-1)$	-1	$\left(-1,-\dfrac{1}{4}\right)$	$-\dfrac{1}{4}$	$\left(-\dfrac{1}{4},2\right)$	2	$(2,+\infty)$
y'	$-$	不存在	$+$	0	$-$	0	$+$
y	↘	极小值	↗	极大值	↘	极小值	↗

根据定理 6.5,极小值点 $x=-1$ 和 $x=2$,函数极小值为 $f(-1)=0, f(2)=0$;极大值点 $x=-\dfrac{1}{4}$,函数极大值为 $f\left(-\dfrac{1}{4}\right)=\left(\dfrac{9}{4}\right)^2\left(\dfrac{3}{4}\right)^{\frac{2}{3}}$。

在某些情况下,判断 $f'(x)$ 的符号比较困难,则在二阶可导的条件下,可以考虑利用驻点的二阶导数 $f''(x)$ 对驻点进行判别。

定理 6.6 (判别极值的第二充分条件)设函数 $y=f(x)$ 在 x_0 处二阶可导,且 $f'(x_0)=0$,若 $f''(x_0)\neq 0$,则 x_0 是极值点,且

(1) $f''(x_0)>0$ 时,函数 $f(x)$ 在 x_0 处取得极小值,点 x_0 是极小值点;

(2) $f''(x_0)<0$ 时,函数 $f(x)$ 在 x_0 处取得极大值,点 x_0 是极大值点。

注意:只有二阶导数 $f''(x)$ 存在且 $f''(x)\neq 0$ 的驻点才可以用定理 6.6 判别法,此时 x_0 点一定是极值点;若 $f''(x)=0$,则 x_0 可能是极值点也可能不是极值点,此时只能用定理 6.5 判断极值,而不能用 6.5 判断极值。

例 6-14 求函数 $f(x)=x^3-3x$ 的极值。

解:函数 $f(x)$ 的定义域为 $(-\infty,+\infty)$,又
$$f'(x)=3x^2-3=3(x+1)(x-1),$$
令 $f'(x)=0$,得驻点 $x=-1$ 和 $x=1$,又
$$f''(x)=6x,$$
因 $f''(-1)=-6<0$,所以 $f(x)$ 在 $x=-1$ 点取极大值,函数极大值 $f(-1)=2$;
因 $f''(1)=6>0$,所以 $f(x)$ 在 $x=1$ 点取极小值,函数极小值 $f(1)=-2$。

例 6-15 求函数 $f(x)=e^x\cos x$ 的极值。

解:函数 $f(x)$ 的定义域为 $(-\infty,+\infty)$,又
$$f'(x)=e^x(\cos x-\sin x),$$
令 $f'(x)=0$,所有驻点:$x_k=k\pi+\dfrac{\pi}{4}$,$k=0,\pm 1,\pm 2,\cdots$;又
$$f''(x)=-2e^x\sin x,$$
故
$$f''(x_k)=-2e^{x_k}\sin x_k=-2e^{k\pi+\frac{\pi}{4}}\sin\left(k\pi+\frac{\pi}{4}\right)\begin{cases}<0,&k=0,\pm 2,\pm 4,\cdots\\>0,&k=\pm 1,\pm 3,\cdots\end{cases}$$

故极大值为 $f\left(2n\pi+\dfrac{\pi}{4}\right)=e^{2n\pi+\frac{\pi}{4}}\cos\left(2n\pi+\dfrac{\pi}{4}\right)=\dfrac{\sqrt{2}}{2}e^{2n\pi+\frac{\pi}{4}}$;

极小值为 $f\left[(2n+1)\pi+\dfrac{\pi}{4}\right]=e^{(2n+1)\pi+\frac{\pi}{4}}\cos\left[(2n+1)\pi+\dfrac{\pi}{4}\right]=-\dfrac{\sqrt{2}}{2}e^{(2n+1)\pi+\frac{\pi}{4}}$。

6.3.3 函数的最值及求解

在一些经济活动中,经常会遇到在一定条件下,怎样才能收益最大、成本最低等问题,这类问题在数学上可归结为求函数的最大值和最小值。

一般来说,函数的最值和极值是两个不同的概念。函数的极值是函数在局部的最大或最小值,函数的最值是对整个区间而言的,是全局性的;另外,最值可以在区间的端点

取得，而极值则只能在区间内的点取得。

在闭区间$[a,b]$上连续的函数$f(x)$必能在区间上取得最大值以及最小值，并且$f(x)$的最大值和最小值只能在闭区间$[a,b]$的端点或开区间(a,b)内的极值点取得。因为极值点只能存在于驻点及导数不存在的点处，因此求闭区间上连续函数的最大值、最小值可按如下步骤进行：

(1) 确定函数$f(x)$的定义域；

(2) 求$f'(x)=0$以及$f'(x)$不存在的点；

(3) 计算以上的各点中的函数值以及区间端点的函数值；

(4) 比较上述函数值的大小，其中最大的就是函数$f(x)$的区间$[a,b]$上的最大值；最小的就是函数$f(x)$的区间$[a,b]$上的最小值。

例 6-16 设函数$f(x)=x(x-1)^{\frac{1}{3}}$，求其在闭区间$[-2,2]$上的最值。

解： 指定的区间为$[-2,2]$，又

$$f'(x)=(x-1)^{\frac{1}{3}}+\frac{1}{3}x(x-1)^{\frac{-2}{3}}=\frac{4x-3}{3\sqrt[3]{(x-1)^2}},$$

令$f'(x)=0$，得驻点$x=\frac{3}{4}$；$f'(x)$不存在的点为$x=1$。

计算区间$[-2,2]$的端点及点$x=\frac{3}{4}$和$x=1$的函数值，有

$$f(-2)\approx 2.88, \quad f\left(\frac{3}{4}\right)\approx -0.47, \quad f(1)=0, f(2)=2。$$

比较可得$f(x)$在在闭区间$[-2,2]$上的最大值$M\approx 2.88$，最小值$m\approx -0.47$。

练 习 6.3

1. 求下列函数的极值。

(1) $f(x)=\frac{3}{4}x^{\frac{4}{3}}-x$ (2) $f(x)=x^3-3x^2-9x+1$

(3) $f(x)=x^2+\frac{16}{x}$ (4) $f(x)=\frac{x}{1+x}$

(5) $f(x)=x-\ln(1+x)$ (6) $f(x)=x^2 e^{-x}$

2. 求下列函数在指定区间上的最大值和最小值。

(1) $f(x)=\ln(x^2+1)$, $[-1,2]$ (2) $f(x)=x+\sqrt{1+x}$, $[-5,1]$

(3) $f(x)=\frac{x^2}{1+x}$, $\left[-\frac{1}{2},1\right]$ (4) $f(x)=e^{|x-3|}$, $[-5,5]$

3. 函数$f(x)=x^2-\frac{54}{x}(x<0)$在何处取得最小值。

6.4 函数的凹凸性和拐点

本章 6.3 节研究了函数的单调性和极值,可知函数的升降情况,这对于描绘函数的图形是必要的,但仍不能反映函数图形的全貌。见图 6-5。

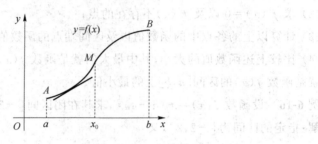

图 6-5

函数 $f(x)$ 在区间 (a,b) 内都是单调增加的,但 $\overparen{AM}$ 和 $\overparen{MB}$ 的图形有明显的差别,弧 $\overparen{AM}$ 是向下凸的(也称是凹的),弧 $\overparen{MB}$ 是向上凸的。因此要描绘图形的全貌,还需研究函数的凹凸性。

6.4.1 函数凹凸性和拐点

定义 6.3 设函数 $f(x)$ 在区间 (a,b) 内可导,如果曲线 $y=f(x)$ 上任意一点处的切线都在曲线的上方,则称曲线 $y=f(x)$ 在这个区间内是**凸**的;如果曲线 $y=f(x)$ 上任意一点处的切线都在曲线的下方,则称曲线 $y=f(x)$ 在这个区间内是**凹**的;曲线凹与凸的分界点称为**拐点**。

如图 6-5 中的弧 $\overparen{AM}$ 是凹的,而弧 $\overparen{MB}$ 是凸的,M 点为拐点。

6.4.2 函数凹凸性和拐点的判定

曲线的凹凸性可利用二阶导数来判定。

定理 6.7 设函数 $f(x)$ 在区间 (a,b) 内二阶可导,则有
(1) 若在区间 (a,b) 内有 $f''(x)>0$,则曲线 $y=f(x)$ 在 (a,b) 内是凹的;
(2) 若在区间 (a,b) 内有 $f''(x)<0$,则曲线 $y=f(x)$ 在 (a,b) 内是凸的。

拐点是曲线凹与凸的分界点,所以在分界点两侧 $f''(x)$ 必然是异号,因而在拐点处 $f''(x)=0$ 或 $f''(x)$ 不存在。

判断曲线的凹凸性及求拐点的主要步骤:

(1) 明确定义域或指定区间,计算二阶导数 $f''(x)$;
(2) 求出二阶导数 $f''(x)=0$ 及 $f''(x)$ 不存在的点;
(3) 讨论上述各点两侧 $f''(x)$ 的符号,确定函数的凹凸区间及拐点。

例 6-17 求曲线 $y=x^4-2x^3+1$ 的凹凸性及拐点。

解:函数 y 的定义域为 $(-\infty,+\infty)$,又
$$y'=4x^3-6x^2, \quad y''=12x^2-12x=12x(x-1),$$
令 $y''=0$,得 $x=0$ 和 $x=1$。列表 6-4 说明曲线的凹凸性和拐点如下。

表 6-4

x	$(-\infty,0)$	0	$(0,1)$	1	$(1,+\infty)$
y''	+	0	−	0	+
y	∪	拐点	∩	拐点	∪

符号 ∪ 表示曲线在该区间是凹的,符号 ∩ 表示曲线在该区间是凸的。

由表 6-4 可见,曲线在区间 $(-\infty,0)$ 和 $(1,+\infty)$ 内是凹的,在区间 $(0,1)$ 内是凸的,曲线的拐点是 $(0,1)$ 和 $(1,0)$。

例 6-18 求曲线 $y=(x-1)x^{\frac{2}{3}}$ 的凹凸性及拐点。

解:函数 y 的定义域为 $(-\infty,+\infty)$,又
$$y=x^{\frac{5}{3}}-x^{\frac{2}{3}}, \quad y'=\frac{5}{3}x^{\frac{2}{3}}-\frac{2}{3}x^{-\frac{1}{3}}, \quad y''=\frac{10}{9}x^{-\frac{1}{3}}+\frac{2}{9}x^{-\frac{4}{3}}=\frac{2(5x+1)}{9\sqrt[3]{x^4}}.$$

令 $y''=0$,得 $x=-\frac{1}{5}$;y'' 不存在的点为 $x=0$。列表 6-5 说明曲线的凹凸性和拐点如下。

表 6-5

x	$\left(-\infty,-\frac{1}{5}\right)$	$-\frac{1}{5}$	$\left(-\frac{1}{5},0\right)$	0	$(0,+\infty)$
y''	−	0	+	不存在	+
y	∩	拐点	∪		∪

由表 6-5 可见,曲线在区间 $\left(-\frac{1}{5},0\right)$ 和 $(0,+\infty)$ 内是凹的,在区间 $\left(-\infty,-\frac{1}{5}\right)$ 是凸的,曲线的拐点是 $\left(-\frac{1}{5},-\frac{6}{5}\left(-\frac{1}{5}\right)^{\frac{2}{3}}\right)$。

练习 6.4

1. 确定下列函数的凹凸区间和拐点。

(1) $f(x)=(x-2)^{\frac{5}{3}}$ 　　　　　　(2) $f(x)=x^2-x^3$

(3) $f(x)=\ln(1+x^2)$ (4) $f(x)=xe^{-x}$

(5) $f(x)=\dfrac{2x}{1+x^2}$ (6) $f(x)=3x^{\frac{1}{3}}-\dfrac{3}{4}x^{\frac{4}{3}}$

2. 当 a、b 为何值时，点 $(1,3)$ 为曲线 $f(x)=ax^3+bx^2$ 的拐点。

6.5 导数在经济分析中的应用

导数在经济问题中的应用主要体现在计算变化率，包括绝对变化率以及相对变化率；进行边际分析，包括边际成本、边际收入、边际利润，了解经济变量的变化趋势；进行弹性分析，分析经济变量间的相对变化程度，反映经济变量之间关系的敏感度。

6.5.1 变化率

1. 绝对变化率

对于函数 $y=f(x)$，因变量 y 对 x 的变化率可表示为

$$\frac{\Delta y}{\Delta x}=\frac{f(x+\Delta x)-f(x)}{\Delta x},$$

即自变量 x 每发生一个单位的变动，函数 y 的平均变化率，所以 $\dfrac{\Delta y}{\Delta x}$ 称为函数 $y=f(x)$ 的平均变化率。

当 $\Delta x\to 0$ 时，若 y 可导，则 $\lim\limits_{\Delta x\to 0}\dfrac{\Delta y}{\Delta x}$（即 y'）称为函数 $y=f(x)$ 的变化率。

2. 相对变化率

通常仅研究函数的绝对变化率是不足以说明问题的，当函数及其自变量发生的变化是相对指标，例如自变量发生的变动是 $\dfrac{\Delta x}{x}$，函数发生的变动是 $\dfrac{\Delta y}{y}$，则我们称

$$\frac{\dfrac{\Delta y}{y}}{\dfrac{\Delta x}{x}}$$

为函数的相对变化率，是因变量的相对变动率与自变量的相对变动率的比值。若函数 $y=f(x)$ 存在极限，则称

$$E=\frac{\dfrac{\Delta y}{y}}{\dfrac{\Delta x}{x}}=\frac{\Delta y}{\Delta x}\cdot\frac{x}{y}=\lim_{\Delta x\to 0}\frac{\Delta y}{\Delta x}\cdot\frac{x}{y}=y'\cdot\frac{x}{y}$$

为函数 $y=f(x)$ 在点 x 处的弹性，反映了函数对 x 的变化的反应程度或敏感程度。

6.5.2 边际分析

边际就是指边缘、额外、追加之意。它是用来揭示两个具有因果或相关关系的经济变量之间的动态函数关系。边际量是自变量变动所引起的因变量的变动量,例如边际收入、边际成本、边际产量、边际效用等。边际分析法是经济学中的一个基本方法,采用边际分析可对经济变量的发展进行趋势分析,是进行经济决策的一个重要工具。

1. 边际效用

经济学研究人们消费的出发点即是效用,效用是指人们从消费某种物品中获得的满足程度,获得的满足程度越高效用越大;反之,获得的满足程度越低效用越小,甚至人们从消费物品中感受到痛苦,即是负效用。效用是物品消费量的函数,用 U 表示,总效用是指消费者在一定时间内从消费一定量物品中获得的总的满足程度,即 $TU=f(q)$,其中 q 为物品的消费量,TU 表示总效用。

当消费者在一定时间内增加一个单位物品的消费量时,其获得的满足度的增量就是边际效用,表示为 MU,有

$$MU = \frac{\Delta TU}{\Delta q},$$

其中 ΔTU 代表总效用的增量,Δq 代表消费量的增量,若其总效用函数 $TU=f(Q)$ 连续可导,当 $\Delta x \to 0$ 时边际效用为

$$MU = \frac{dTU}{dq} = \frac{dTU(q)}{dq} = TU'(q)。$$

实 例 分 析

现有消费者为满足饥渴需求消费苹果,苹果带来的总效用和边际效用数据如表 6-6 所示,根据表中数据研究总效用和边际效用的变化规律及两者的关系。

表 6-6

苹果消费量	边际效用	总效用
1	30	30
2	20	50
3	10	60
4	0	60
5	−10	50

从表 6-6 数据可知:总效用随着消费苹果数量的增加而增加,呈现出先增加后减少

的趋势,边际效用呈现不断下降的趋势,其变化情况如图 6-6 所示。

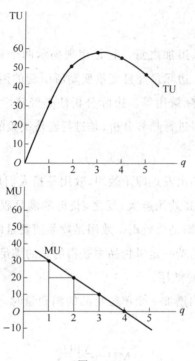

图 6-6

其中,TU 为苹果的总效用曲线,MU 为苹果的边际效用曲线,且第一个苹果的边际效用最大(MU=30),即给消费者带来的满足度最高,随着苹果消费量的增加,满足度逐步下降,从 30→20→10→0→-10,即边际效用递减,这就是经济学的基本理论:边际效用递减规律。随着消费者对某种物品消费量的增加,他们从该物品连续增加的消费单位中所得到的边际效用是递减的称为边际效用递减规律。

这同时解释了生活中常见的现象:

(1) 物以稀为贵:从生理或心理层面存在数量越多对人的满足的刺激越小,即带来的效用越来越低。

(2) 物品用途的多样性:人们总是首先将物品用于最重要的地方,逐步依次用于重要性减轻的地方,物品若干时,效用就会越来越低。

例 6-19 已知消费者消费某商品的效用函数为 $TU = q^{\frac{1}{2}} + 20$,求消费量为 16 时的边际效用。

解:边际效用为

$$MU = TU'(q) = \frac{1}{2} q^{-\frac{1}{2}},$$

$$TU'(16) = \frac{1}{2} q^{-\frac{1}{2}} = \frac{1}{8}。$$

当消费涉及两种或两种以上商品的组合时就属于多元函数的范畴,在此不做研究。

2. 边际成本

边际成本是指产量增加一个单位时总成本的增量,即总成本对产量的变化率,用 MC 表示。基于经济分析中的长期与短期,又分为长期边际成本(LMC)与短期边际成本(SMC)。

若某产品的总成本为 C,则产量每增加一个单位时总成本的增量为 ΔC,其边际成本

$$MC = \frac{\Delta C}{\Delta q}。$$

若该产品的总成本函数为

$$C = C(q),$$

且函数连续可导,则其边际成本为

$$MC = \frac{dC}{dq} = \frac{dC(q)}{dq} = C'(q),$$

即边际成本是总成本 C 关于产量 q 的导数。

例 6-20 某厂商生产某类产品,已知产量为 q 时的总成本函数为

$$C(q) = 10 + 2q^2 - 5q,$$

求产量为 5 时的边际成本,并解释其经济含义。

解:边际成本函数

$$MC = C'(q) = 4q - 5,$$

当 q 为 5 时,MC=15。它表示在产量为 5 的基础上,再多生产一单位的产品增加的成本为 15 个单位。

3. 边际收入

边际收入是指每多销售一个单位的产品时总收入的增量,经济学中也通常称为边际收益,即总收入对销售量的变化率,用字母 MR 表示。

若销售某产品的总收入为 R,则销售量每增加一个单位时总收入的增量为 ΔR,其边际收入

$$MR = \frac{\Delta R}{\Delta q}。$$

若该产品的总收入函数为 $R = R(q)$,且函数连续可导,则其边际收入为

$$MR = \frac{dR}{dq} = \frac{dR(q)}{dq} = R'(q),$$

即边际收入(收益)是总收入 R 对销售量 q 的导数。

例 6-21 某商店销售一种商品,若该商品的销售量为 q 时的收入函数为

$$R(q) = 80 + 25q - \frac{1}{4}q^2,$$

求销售 40 个该商品时的边际收入。

解:该商品的边际收入函数为

$$\text{MR}=R'(q)=25-\frac{1}{2}q=25-\frac{1}{2}\times 40=5,$$

由此,商店销售 40 个产品的边际收入为 5 个单位,即在销售 40 个单位的基础上再增加一个单位带来的收入增量为 5 个单位。

4. 边际利润

总利润是总收入与总成本的差值,由于总收入与总成本均为销售量 q 的函数,因此总利润也是关于 q 的函数。若当产品销售量为 q 时的总利润函数为 $L=L(q)$,当 $L(q)$ 可导,称 $L'(q)$ 为销售量为 q 时的边际利润。又由于

$$L(q)=R(q)-C(q),$$

则

$$L'(q)=R'(q)-C'(q),$$

所以,边际利润是边际收入与边际成本之差。

例 6-22 某工厂生产某种产品,该商品的产量为 q 时的总利润函数为

$$L(q)=250q-5q^2,$$

求产量为 15 时的边际利润,并说明其经济含义。

解:该商品的边际利润函数为

$$L'(q)=250-10q,$$

当 $q=15$ 时,

$$L'(q)=100。$$

经济含义:当产量为 15 个单位时,若再多生产一个产品,增加的总利润是 100 个单位。

5. 利润最大化

通过成本、收入与利润之间的关系,经济学可以研究利润最大化的条件,由于总收入与总成本均为产量(销量)q 的函数,即 $C=C(q),R=R(q)$,所以利润也是产量(销量)q 的函数 $L=L(q)$,由 $L(q)=R(q)-C(q)$,对上式求一阶导数,并令导数为零,可以得到利润最大化的必要条件。

$$\frac{\text{d}L}{\text{d}q}=\frac{\text{d}R(q)}{\text{d}q}-\frac{\text{d}C(q)}{\text{d}q}=0,\quad 且\ L''(q)<0,$$

则有

$$\text{MR}=\text{MC}。$$

其中,$\text{MR}=\dfrac{\text{d}R(q)}{\text{d}q}$ 为边际收入,$\text{MC}=\dfrac{\text{d}C(q)}{\text{d}q}$ 为边际成本,即厂商达到利润最大的必要条件是满足边际收入与边际成本相等时的产量。

例 6-23 某企业生产某产品,产量为 q,总收入函数 $R=23q-2q^2+10$,总成本函数为 $C=q^2+5q$,求该企业的最大利润。

解：利润函数为
$$L = R(q) - C(q) = 23q - 2q^2 + 10 - (q^2 + 5q) = 18q - 3q^2 + 10,$$
令
$$L'(q) = 18 - 6q = 0,$$
则
$$q = 3,$$
又有
$$L''(q) = -6 < 0,$$
则存在最大利润
$$L = 18q - 3q^2 + 10 = 18 \times 3 - 3 \times 3^2 + 10 = 37.$$

6.5.3 弹性分析

弹性本是物理学上的概念，它是反应某物体对外部作用力的反应程度。经济学意义上的弹性是研究具有函数关系的两个变量之间，因变量对自变量发生变化的反应程度，或者自变量发生变化对因变量的影响程度。其大小用两个变量变动的百分比，即用弹性系数来表示：

$$弹性系数 = \frac{因变量的变动比率}{自变量的变动比率}$$

对于函数 $y = f(x)$，Δy 是函数的绝对变化量，Δx 是自变量的绝对变化量，$\frac{\Delta y}{y}, \frac{\Delta x}{x}$ 是函数、自变量的相对变化率。对于函数 $y = f(x)$，当 $\Delta x \to 0$ 时，如果极限

$$\lim_{\Delta x \to 0} \frac{\frac{\Delta y}{y}}{\frac{\Delta x}{x}}$$

存在，则称此极限值为函数 $f(x)$ 在点 x 处的弹性，记作 $E = \frac{E_y}{E_x}$，即

$$E = \frac{E_y}{E_x} = \lim_{\Delta x \to 0} \frac{\frac{\Delta y}{y}}{\frac{\Delta x}{x}} = \lim_{\Delta x \to 0} \frac{\Delta y}{\Delta x} \cdot \frac{x}{y} = y' \cdot \frac{x}{y} (y\text{ 可导，且 } y \neq 0).$$

由此，函数 $y = f(x)$ 的弹性是函数的相对变化率与自变量相对变化率的比值的极限，反映了函数 $f(x)$ 对 x 变化的反应程度或敏感度。

1. 需求弹性

需求弹性又称为需求的价格弹性，此时研究的是商品需求量与价格之间的影响关系，是分析商品的需求量对市场价格变化的反应程度，或者指价格变化的比率所引起的需求量变化的比率，反映了需求量对价格的敏感程度。

各种商品的需求弹性是不同的，需求弹性的大小用需求弹性系数来表示，用字母 E_d

代表,需求函数 $Q=f(P)$ 的自变量为价格 P,则需求弹性系数

$$E_d=\frac{\frac{\Delta Q}{Q}}{\frac{\Delta P}{P}}=\frac{\Delta Q}{\Delta P}\cdot \frac{P}{Q}。$$

例 6-24 某商品的价格提高 10%,其需求量下降了 20%,则该商品的需求弹性系数是多少?

解:

$$E_d=\frac{\frac{\Delta Q}{Q}}{\frac{\Delta P}{P}}=\frac{20\%}{10\%}=2。$$

在需求弹性系数的计算中,价格与需求量的变动是反方向的,因此,需求弹性系数一定为负值,在实际操作中为方便起见,一般取其绝对值。

2. 需求弹性的计算

(1) 弹性的计算

点弹性是指需求曲线上某一点的弹性,也就是当价格变动无限小时引起的需求量变动的反应程度。点弹性系数的计算式如下:

$$E_d=\frac{\frac{\Delta Q}{Q}}{\frac{\Delta P}{P}}=\frac{\Delta Q}{\Delta P}\cdot \frac{P}{Q}=\lim_{\Delta P\to 0}\frac{\Delta Q}{\Delta P}\cdot \frac{P}{Q}=\frac{\mathrm{d}Q}{\mathrm{d}P}\cdot \frac{P}{Q}。$$

一般地,为方便理解,需求弹性系数

$$E_d=-\frac{\mathrm{d}Q}{\mathrm{d}P}\cdot \frac{P}{Q}=-Q'\cdot \frac{P}{Q}。$$

例 6-25 设某商品的需求函数为 $Q=f(P)=a-bP(a,b$ 为常数$),a=12,b=2$,分别求 $P=2,P=5$ 时的点弹性。

解: $Q=f(P)=a-bP(a,b$ 为常数$)$,则需求弹性为

$$E_d=-Q'\cdot \frac{P}{Q}=-(-2)\cdot \frac{P}{Q}=2\cdot \frac{P}{Q}。$$

当 $P=2$ 时,$Q=12-2\times 2=8$,则

$$E_d=2\times \frac{2}{8}=1/2。$$

当 $P=5$ 时,$Q=12-2\times 5=2$,则

$$E_d=2\times \frac{5}{2}=5。$$

由以上计算可知,在同一条需求曲线上,不同点的需求弹性系数是不同的。

(2) 弹性的类别

经济学根据需求(价格)弹性的大小对需求进行了分类,当需求弹性系数小于 1 时,说明

需求量变化的比率小于价格变化的比率,需求是缺乏弹性的,见图 6-7。一般的生活必需品属于需求缺乏弹性,商品的需求量对价格不敏感,不易采用价格策略进行降价促销。

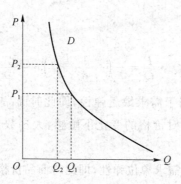

图 6-7

当需求弹性系数大于 1 时,说明需求量变化的比率大于价格变化的比率,需求是富有弹性的,见图 6-8。一般的大多数的高档商品、奢侈类商品均属于需求富有弹性的情况,商品的需求量对价格非常敏感,最适于降价促销,从而提高销售量而增加收益。

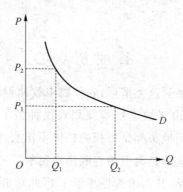

图 6-8

当需求弹性系数等于 1 时,说明需求量变化的比率等于价格变化的比率,需求具有单位弹性的特点,见图 6-9。这种情况比较极端,需求量的变动程度与价格的变动程度完全一致。

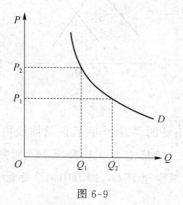

图 6-9

在现实生活中最常见的是需求富有弹性与需求缺乏弹性这两种状况。

例 6-26 设某商品的需求函数为 $Q=e^{-\frac{1}{6}P}$，分别求当 $P=3,6,12$ 时的需求弹性，并说明其经济含义。

解：需求弹性为

$$E_d = -Q' \cdot \frac{P}{Q} = -\left(-\frac{1}{6}e^{-\frac{1}{6}P}\right) \cdot \frac{P}{e^{-\frac{1}{6}P}} = \frac{1}{6}P。$$

当 $P=3$ 时，$E_d=1/2$，属于需求缺乏弹性，即此时商品价格上涨（或降低）1%，需求量减少（或增加）0.5%，商品对价格的变化不敏感，大多数生活必需品均属于缺乏弹性的商品。

当 $P=6$ 时，$E_d=1$，属于需求单位弹性，即此时商品价格上涨（或降低）1%，需求量减少（或增加）1%，两者变化幅度一致。

当 $P=12$ 时，$E_d=2$，属于需求富有弹性，即此时商品价格上涨（或降低）1%，需求量减少（或增加）2%，是价格变动的两倍，商品对价格的变化非常敏感，常见一些奢侈类、享受类等高档品牌的商品。

实例分析

谷贱伤农

现实经济生活中经常会遇到这类情形：农作物丰收使得农民非但没有增加收入反而损失惨重。2018年山东某地由于缺乏统筹规划农民种植了大量的大蒜，秋天大蒜丰收了，但收购价格一落再落，田间地头都是堆积的销售不出去的大蒜，农民只得将价格降至地板价，以求不要烂在地里，这就是典型的谷贱伤农现象。

这里大蒜属于生活必需品，其需求弹性小于1，因此对价格不敏感。其对总收益的影响如图6-10所示。

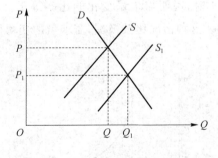

图 6-10

产品的均衡价格取决于市场的供需，丰收后供给曲线由 S 移动（增加）至 S_1，由于大蒜的需求缺乏弹性，使得大蒜的价格由 P 大幅降至 P_1，而需求量的增加并不是同步的，因此，农民的总收益就从 PQ 减少至 P_1Q_1，即图中两个矩形的面积之差就是其真正的损失。这就是所谓的谷贱伤农,丰收带来的损失。

3. 供给弹性

供给弹性又称为供给的价格弹性,此时研究的是商品的供给量与价格之间的影响关系,是分析商品的供给量对市场价格变化的反应程度,或者指价格变化的比率所引起的供给量变化的比率,反映了供给量对价格的敏感程度。

不同的商品其供给弹性是不同的,供给弹性的大小用供给弹性系数 E_s 表示,即有

$$E_s = \frac{\frac{\Delta Q}{Q}}{\frac{\Delta P}{P}} = \frac{\Delta Q}{\Delta P} \cdot \frac{P}{Q},$$

其中供给函数为 $Q=f(P)$,Q 为供给量,价格 P 为自变量。

供给弹性的计算类比于需求弹性的计算,需要注意的是供给函数中通常价格与供给量的变化方向是一致的,因此供给弹性系数 E_s 的计算结果是正数。其计算式如下:

$$E_s = \frac{\frac{\Delta Q}{Q}}{\frac{\Delta P}{P}} = \frac{\Delta Q}{\Delta P} \cdot \frac{P}{Q} = \lim_{\Delta P \to 0} \frac{\Delta Q}{\Delta P} \cdot \frac{P}{Q} = \frac{dQ}{dP} \cdot \frac{P}{Q} = Q' \cdot \frac{P}{Q}。$$

例 6-27 已知某厂商生产的某产品,其供给函数为 $Q=10+5P$,求该产品的供给弹性函数,当价格 P 为 3 时,供给弹性是多少?

解: 供给弹性函数为

$$E_s = Q' \cdot \frac{P}{Q} = 5 \times \frac{P}{10+5P} = \frac{P}{2+P},$$

$$E_s(3) = \frac{3}{5}。$$

则该厂生产的产品在价格为 3 时的供给弹性是 0.6,小于 1,因此其对价格不敏感。

实例分析

税负的归属

谁来承担税负:一般商品的税负是由买卖双方进行分摊的,但由于需求弹性与供给弹性的差异会带来不同的结果,在某市场上假定供给富有弹性,而需求缺乏弹性,如图 6-11 所示,其中供需决定的均衡价格为 P,买方支付的价格为 P_2,而与此同时卖方获取的价格为 P_1,因此其中的税负便更多地由买方进行支付,由于需求缺乏弹性,因此买方对价格不敏感,而卖方相应地对价格更敏感,因此在税负中买方支付的价格承担了大部分的税负,而卖方只承担了小部分。

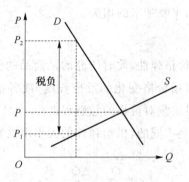

图 6-11

假定市场情形正好相反,如图 6-12 所示,在需求富有弹性而供给缺乏弹性的市场,卖方对价格不敏感,而买方相应地对价格更敏感,因此在征税时,买方支付的价格 P_2 在均衡价格 P 的基础上上升并不多,而卖方得到的价格 P_1 却大幅下降,因此卖方承担了大部分的税负,而买方只承担了少部分的赋税。

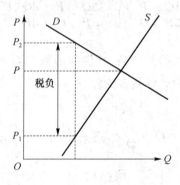

图 6-12

练 习 6.5

1. 某商品产量为 q 时的成本函数为 $C(q)=q^3+2q^2-5q$,求商品的边际成本函数和平均成本函数。

2. 某厂商销售一种商品,销售量为 q 时的收入函数 $R(q)=500q-\dfrac{1}{4}q^2$,求销售量为 200 件时的边际收入。

3. 某企业的成本函数和收入函数如下:

$$C(q)=100+50q+\frac{1}{4}q^2,$$

$$R(q) = 200q + \frac{1}{2}q^2,$$

求：(1) 该企业的边际成本，边际收入，边际利润；

(2) 若已生产并销售 50 个单位，销售第 51 个单位产品的利润是多少？

4. 某商品的价格变动 20%，其产量变动 10%，求这种商品的供给弹性。

5. 假设 2015 年某地玉米的收成是 1 亿千克，每千克的价格为 5 元，2016 年由于温度及光照条件非常好，玉米的产量提高了 10%，且玉米的需求弹性系数 $E_d = 0.6$。

(1) 假定玉米能够全部出售，请问丰收后玉米的价格是多少？

(2) 请计算丰收后的总收益。

(3) 这种好的气候条件对总收益的影响是什么？为什么？

综合思考

假定拟对奢侈品类商品进行征税，税负由供需双方共同承担，那么基于商品的特点征税对哪一方影响更大，谁承担的税负更多？请结合需求弹性、供给弹性的概念及均衡价格的机制进行综合分析。（思路：首先奢侈品的需求弹性为富有弹性，对价格的变化相对较敏感，而其供给弹性在短期内却是缺乏弹性的，即不容易及时作出产量的调整，这样税负更多地会落在奢侈品的供给者方面，反而不是更多地由奢侈品的消费者承担，这似乎违背了税负制定的初衷。）

习 题 6

1. 填空题

(1) 若 $\lim\limits_{x \to 0} \dfrac{f(2) - f(2-x)}{3x} = 2$，则 $f'(2) = $ _____。

(2) 函数 $y = x - e^x$ 的单调增加区间为 _____。

(3) 若 $f(x)$ 在点 x_0 处有极大值且 $f'(x_0)$ 存在，则 $f'(x_0) = $ _____。

(4) 曲线 $y = x^3 - 6x^2 + 9x - 5$ 的拐点为 _____。

2. 单项选择题

(1) 已知 $f(0) = 0$，$f'(0) = 3$，则 $\lim\limits_{x \to 0} \dfrac{f(2x)}{x} = ($ _____ $)$。

A. 3   B. -3

C. -6 D. 6

(2) 若 $f'(x_0)$ 存在，则 $\lim\limits_{t \to 0} \dfrac{f(x_0 + \alpha t) - f(x_0 + \beta t)}{t} = ($ _____ $)$。

A. $2f'(x_0)$ B. $(\alpha+\beta)f'(x_0)$

C. $(\alpha-\beta)f'(x_0)$ D. 0

(3) 函数 $y=8x^2-\ln x$ 的单调减少区间为（　　）。

A. $\left(0,\dfrac{1}{4}\right)$ B. $\left(-\dfrac{1}{4},0\right)$

C. $(-\infty,0)$ D. $(0,+\infty)$

(4) 设 $f(x)$ 存在二阶导数，如果在区间 (a,b) 内恒有（　　），则在 (a,b) 内曲线 $y=f(x)$ 上凹。

A. $f''(x)=0$ B. $f''(x)<0$

C. $f''(x)>0$ D. $f''(x)\geqslant 0$

3. 求下列各极限

(1) $\lim\limits_{x\to 0}\dfrac{x^2}{1-\sqrt{1+x^2}}$ (2) $\lim\limits_{x\to -3}\dfrac{x^2-9}{x^2+5x+6}$

(3) $\lim\limits_{x\to +\infty}(\sqrt{x^2+x+1}-\sqrt{x^2-x+1})$ (4) $\lim\limits_{x\to 1}\dfrac{x^3-1}{x-1}$

(5) $\lim\limits_{x\to \infty}\left(1-\dfrac{2}{x}\right)^x$ (6) $\lim\limits_{x\to \infty}\left(\dfrac{x+1}{x-1}\right)^x$

4. 讨论函数 $y=2x^3-3x^2$ 的单调性与极值。

5. 求函数 $y=2\mathrm{e}^x+\mathrm{e}^{-x}$ 的极值。

6. 求函数 $f(x)=x^3-3x^2-9x$ 的单调区间及极值。

7. 求函数 $f(x)=x-\ln(1+x)$ 的单调区间及极值。

8. 求函数 $f(x)=\mathrm{e}^x-x$ 的单调区间及极值。

9. 甲船以 20 km/h 的速度向东行驶，同一时间乙船在甲船正北 82 km 处以 16 km/h 的速度向南行驶，问经过多长时间两船距离最近。

10. 欲做一个底为正方形，容积为 108 m³ 的开口容器，怎样做法用料最省？

11. 某产品的收入 R（单位：元）是产量 q（单位：kg）的函数 $R(q)=800q-\dfrac{q^2}{4}$ $(q\geqslant 0)$，求：(1) 生产 200 kg 该产品时的总收入；

(2) 生产 200 kg 到 300 kg 时总收入的平均变化率；

(3) 生产 200 kg 该产品时的边际收入。

第7章 不定积分

本章导读

在前面两章讨论了求一个已知函数的导数（或微分）的问题，在科学技术和经济管理的许多问题中，还会遇到相反的问题，即已知函数的导数，来求该函数的问题，这就是本章要解决的问题——不定积分。本章介绍不定积分的概念和性质，讲述不定积分的第一换元法、第二换元法和分部积分法。

本章学习的基本要求：

1. 理解原函数和不定积分的概念；
2. 掌握不定积分的基本性质；
3. 熟练掌握不定积分的基本公式；
4. 熟练掌握不定积分的第一换元法，会用第二换元法求简单根式的不定积分；
5. 掌握不定积分的分部积分法。

思维导图

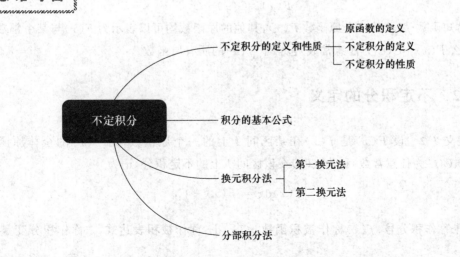

7.1 不定积分的定义和性质

7.1.1 原函数的定义

定义 7.1 设 $f(x)$ 为定义在某区间 I 上的函数,如果存在函数 $F(x)$,使在该区间上的任意一点都有
$$F'(x)=f(x),$$
则称 $F(x)$ 为 $f(x)$ 在该区间上的一个**原函数**。

例如:$f(x)=2x$,因 $(x^2)'=2x$,则 $F(x)=x^2$ 是 $f(x)$ 的一个原函数;

$f(x)=\sin x$,因 $(-\cos x)'=\sin x$,则 $F(x)=-\cos x$ 是 $f(x)$ 的一个原函数。

由定义 7.1 给出 $F(x)$ 为 $f(x)$ 的一个原函数,那么,一个函数的原函数有多少?如何表示一个函数的所有原函数?

由求导公式和求导法则可知:

$(x^2)'=2x,$ $\qquad (x^2+1)'=2x;$

$(x^2-1)'=2x,$ $\qquad (x^2+C)'=2x(C$ 为任意常数$)$。

显然 x^2,x^2+1,x^2-1,x^2+C 都是函数 $f(x)=2x$ 的原函数。说明 $f(x)$ 的原函数不是唯一的。

一般来说,如果 $F(x)$ 是 $f(x)$ 的一个原函数,则 $F(x)+C(C$ 为任意常数$)$也是 $f(x)$ 的原函数,由 C 的任意性可知,如果 $f(x)$ 存在原函数,应有无穷多个,不同原函数之间相差一个常数 C。

定理 7.1 如果 $F(x)$ 和 $G(x)$ 都是 $f(x)$ 在某区间 I 上的原函数,则有
$$F(x)=G(x)+C,$$
即若已知函数 $f(x)$ 的一个原函数 $F(x)$,其他的原函数均可以表示为 $F(x)$ 与某个常数之和,那么 $F(x)+C(C$ 为任意常数$)$包含了 $f(x)$ 的所有原函数。

7.1.2 不定积分的定义

定义 7.2 设 $F(x)$ 是 $f(x)$ 在某区间 I 上的一个原函数,则 $f(x)$ 的全体原函数 $F(x)+C(C$ 为任意常数$)$称为 $f(x)$ 在该区间 I 上的**不定积分**,记为
$$\int f(x)\mathrm{d}x=F(x)+C,$$
其中,$\int$ 称作积分号,$f(x)$ 称作**被积函数**,$f(x)\mathrm{d}x$ 称作**被积表达式**,x 称作积分变量,C

称作积分常数。

例 7-1 求函数 $f(x)=\dfrac{1}{x}$ 的不定积分。

解：因当 $x>0$ 时，$(\ln x)'=\dfrac{1}{x}$，

又当 $x<0(-x>0)$ 时，有

$$[\ln(-x)]'=\dfrac{1}{-x}\cdot(-1)=\dfrac{1}{x}。$$

当 $x\neq 0$ 时，有

$$(\ln|x|)'=\dfrac{1}{x},$$

则有

$$\int\dfrac{1}{x}\mathrm{d}x=\ln|x|+C。$$

例 7-2 求 $\int x^{\alpha}\mathrm{d}x$。

解：由前面的求导公式可知

$$\left(\dfrac{1}{\alpha+1}x^{\alpha+1}\right)'=x^{\alpha},$$

则有

$$\int x^{\alpha}\mathrm{d}x=\dfrac{1}{\alpha+1}x^{\alpha+1}+C\quad(\alpha\neq-1,\alpha>0)。$$

例 7-3 求 $\int\cos x\mathrm{d}x$。

解：因 $(\sin x)'=\cos x$，有 $\int\cos x\mathrm{d}x=\sin x+C$。

注意：在求函数的不定积分时，其中的常数 C 不能漏掉。

7.1.3 不定积分的性质

性质 1 $\left[\int f(x)\mathrm{d}x\right]'=f(x)$ 或 $\mathrm{d}\left[\int f(x)\mathrm{d}x\right]=f(x)\mathrm{d}x$。

$\int f'(x)\mathrm{d}x=f(x)+C$ 或 $\int\mathrm{d}f(x)=f(x)+C$。

例 7-4 求 $\left(\int\cos x\mathrm{d}x\right)'$。

解：$\left(\int\cos x\mathrm{d}x\right)'=(\sin x+C)'=(\sin x)'+(C)'=\cos x$。

例 7-5 求 $\int \mathrm{d}\cos x$。

解：$\int \mathrm{d}\cos x = \int(-\sin x)\mathrm{d}x = \cos x + C$。

性质 2 $\int kf(x)\mathrm{d}x = k\int f(x)\mathrm{d}x$（$k$ 是常数，$k\neq 0$）。

例 7-6 求 $\int 5\cos x \mathrm{d}x$。

解：$\int 5\cos x \mathrm{d}x = 5\int \cos x \mathrm{d}x = 5\sin x + C$。

性质 3 $\int [f(x)\pm g(x)]\mathrm{d}x = \int f(x)\mathrm{d}x \pm \int g(x)\mathrm{d}x$。

例 7-7 求 $\int(2x + \cos x)\mathrm{d}x$。

解：$\int(2x+\cos x)\mathrm{d}x = \int 2x\mathrm{d}x + \int \cos x \mathrm{d}x = x^2 + \sin x + C$。

性质 3 可以推广到有限多个函数的代数和的情况，即

$$\int[f_1(x)\pm f_2(x)\pm\cdots\pm f_n(x)]\mathrm{d}x = \int f_1(x)\mathrm{d}x \pm \int f_2(x)\mathrm{d}x \pm \cdots \pm \int f_n(x)\mathrm{d}x。$$

例 7-8 求 $\int\left(x^4 + 3^x + \dfrac{2}{x} - 3\cos x + 1\right)\mathrm{d}x$。

解：
$$\int(x^4 + 3^x + \dfrac{2}{x} - 3\cos x + 1)\mathrm{d}x$$
$$= \int x^4 \mathrm{d}x + \int 3^x \mathrm{d}x + \int \dfrac{2}{x}\mathrm{d}x - \int 3\cos x \mathrm{d}x + \int \mathrm{d}x$$
$$= \dfrac{1}{5}x^5 + \dfrac{3^x}{\ln 3} + 2\ln|x| - 3\sin x + x + C。$$

练 习 7.1

1. 利用求导的结果求不定积分。

(1) (　　)′ = $3x^2$，　　　$\int 3x^2 \mathrm{d}x = (　　)$

(2) (　　)′ = e^x，　　　$\int \mathrm{e}^x \mathrm{d}x = (　　)$

(3) (　　)′ = $\sin x$，　　　$\int \sin x \mathrm{d}x = (　　)$

(4) (　　)′ = $4x^3$，　　　$\int 4x^3 \mathrm{d}x = (　　)$

2. 求下列函数的一个原函数。

(1) x^2-1　　　　(2) $\dfrac{1}{x}$　　　　(3) $2e^{2x}$

3. 利用不定积分的性质填空。

(1) $\dfrac{d}{dx}\displaystyle\int f(x)dx=(\qquad)$　　　　(2) $\displaystyle\int f'(x)dx=(\qquad)$

(3) $d\displaystyle\int f(x)dx=(\qquad)$　　　　(4) $\displaystyle\int df(x)=(\qquad)$

7.2　积分的基本公式

由于求不定积分和求导互为逆运算，由第 5 章的基本导数公式，可以验证以下的基本积分公式（式中 C 为任意常数）。

(1) $\displaystyle\int 0dx=C$

(2) $\displaystyle\int x^a dx=\dfrac{1}{a+1}x^{a+1}+C, a\neq -1$

(3) $\displaystyle\int \dfrac{1}{x}dx=\ln|x|+C$

(4) $\displaystyle\int a^x dx=\dfrac{1}{\ln a}a^x+C, a>0、a\neq 1$

(5) $\displaystyle\int e^x dx=e^x+C$

(6) $\displaystyle\int \sin x dx=-\cos x+C$

(7) $\displaystyle\int \cos x dx=\sin x+C$

(8) $\displaystyle\int \sec^2 x dx=\tan x+C$

(9) $\displaystyle\int \csc^2 x dx=-\cot x+C$

积分的基本公式是求不定积分的最基本的公式，请熟记公式并能熟练运用它们求一些简单的不定积分。直接利用不定积分的性质和基本积分公式求简单的函数的不定积分的方法称为**直接积分法**。

例 7-9　求不定积分 $\displaystyle\int \sqrt[3]{x^2}dx$。

解：$\displaystyle\int \sqrt[3]{x^2}dx=\displaystyle\int x^{\frac{2}{3}}dx=\dfrac{1}{\frac{2}{3}+1}x^{\frac{2}{3}+1}+C=\dfrac{3}{5}x^{\frac{5}{3}}+C$。

例 7-10　求不定积分 $\displaystyle\int 5^x dx$。

解: $\int 5^x dx = \dfrac{1}{\ln 5} 5^x + C$

例 7-11 求不定积分 $\int \left(x^2 - \dfrac{2}{x^3}\right) dx$。

解: $\int \left(x^2 - \dfrac{2}{x^3}\right) dx = \int x^2 dx - 2\int x^{-3} dx = \dfrac{x^3}{3} + \dfrac{1}{x^2} + C$。

例 7-12 求不定积分 $\int \dfrac{\cos 2x}{\sin x + \cos x} dx$。

解: $\int \dfrac{\cos 2x}{\sin x + \cos x} dx = \int \dfrac{\cos^2 x - \sin^2 x}{\sin x + \cos x} dx = \int (\cos x - \sin x) dx$
$= \int \cos x dx - \int \sin x dx = \sin x + \cos x + C$。

例 7-13 已知某产品的产量 Q 是时间 t 的函数,其变化率为 $Q'(t) = 2t + 10$,且 $Q(0) = 0$,求此产品的产量函数 $Q(t)$。

解: 因 $Q(t)$ 是其变化率的原函数,因此有

$$Q(t) = \int (2t + 10) dt = \int 2t dt + 10 \int dt = t^2 + 10t + C。$$

由 $Q(0) = 0$,可得 $C = 0$,则此产品的产量函数为

$$Q(t) = t^2 + 10t。$$

练 习 7.2

求下列不定积分。

(1) $\int (3x^2 + x + 1) dx$

(2) $\int \dfrac{x-1}{\sqrt{x}} dx$

(3) $\int \dfrac{x^2}{1+x^2} dx$

(4) $\int \left(\dfrac{3}{\cos^2 x} + \dfrac{4}{\sqrt{1-x^2}}\right) dx$

(5) $\int \left(\dfrac{2}{x} - 3^x + 4\sin x\right) dx$

(6) $\int 2^x e^x dx$

(7) $\int \sin^2 \dfrac{x}{2} dx$

(8) $\int \left(\dfrac{1-x}{x}\right)^2 dx$

(9) $\int \left(2\sin x - \dfrac{1}{2}\cos x\right)\mathrm{d}x$

(10) $\int \dfrac{2 \cdot 3^x - 5 \cdot 2^x}{3^x}\mathrm{d}x$

7.3 换元积分法

在求函数的不定积分时会发现有些函数的不定积分无法利用直接积分法求得,因此还需要寻求其他更有效的积分方法。将复合函数求导的方法反过来用于求不定积分,可得到两个非常有效的积分方法——第一换元法和第二换元法。换元法的基本思想是,通过适当的变量变换将某些较难计算的不定积分化为容易计算的积分。

7.3.1 第一换元法(凑微分法)

定理 7.2 如果积分 $\int f(x)\mathrm{d}x$ 可化为 $\int g[\varphi(x)]\varphi'(x)\mathrm{d}x$ 的形式,且设 $g(u)$ 有原函数 $F(u)$,$u=\varphi(x)$ 可导,即

$$\int g(u)\mathrm{d}u = F(u) + C,$$

则有第一类换元积分法

$$\begin{aligned}\int f(x)\mathrm{d}x &= \int g[\varphi(x)]\varphi'(x)\mathrm{d}x \\ &= \int g(u)\mathrm{d}u \\ &= F(u) + C \\ &= F[\varphi(x)] + C。\end{aligned}$$

第一类换元积分法也叫凑微分法。具体步骤可表示为

$$\begin{aligned}\int f(x)\mathrm{d}x &= \int g[\varphi(x)]\varphi'(x)\mathrm{d}x = \int g[\varphi(x)]\mathrm{d}\varphi(x)\,(\diamondsuit\,u=\varphi(x)) \\ &= \int g(u)\mathrm{d}u = F(u) + C \\ &= F[\varphi(x)] + C \;\;〔代回 u=\varphi(x)〕。\end{aligned}$$

例 7-14 求 $\int \sin 3x\,\mathrm{d}x$。

解:令 $u=3x$,有 $\mathrm{d}x = \dfrac{1}{3}\mathrm{d}u$,则

$$\int \sin 3x\,\mathrm{d}x = \int \dfrac{1}{3}\sin u\,\mathrm{d}u = -\dfrac{1}{3}\cos u + C = -\dfrac{1}{3}\cos 3x + C。$$

例 7-15 求 $\int \dfrac{\mathrm{d}x}{x-2}$。

解：令 $x-2=u$，有 $\mathrm{d}x=\mathrm{d}u$，则
$$\int \dfrac{\mathrm{d}x}{x-2} = \int \dfrac{1}{u}\mathrm{d}u = \ln|u|+C = \ln|x-2|+C。$$

例 7-16 求 $\int 2x\mathrm{e}^{x^2}\mathrm{d}x$。

解：令 $u=x^2$，有 $\mathrm{d}u=2x\mathrm{d}x$，则
$$\int 2x\mathrm{e}^{x^2}\mathrm{d}x = \int \mathrm{e}^{u}\mathrm{d}u = \mathrm{e}^{u}+C = \mathrm{e}^{x^2}+C。$$

熟练掌握第一类换元法后，可以省略换元的过程，不必写成变量 u 的积分，利用公式直接积分即可。

例 7-17 求 $\int \dfrac{x}{\sqrt{2-3x^2}}\mathrm{d}x$。

解：
$$\int \dfrac{x}{\sqrt{2-3x^2}}\mathrm{d}x = \dfrac{1}{2}\int \dfrac{\mathrm{d}x^2}{\sqrt{2-3x^2}} = -\dfrac{1}{6}\int (2-3x^2)^{-\frac{1}{2}}\mathrm{d}(2-3x^2)$$
$$= -\dfrac{1}{3}\sqrt{2-3x^2}+C。$$

例 7-18 求 $\int \tan x \mathrm{d}x$。

解：$\int \tan x \mathrm{d}x = \int \dfrac{\sin x \mathrm{d}x}{\cos x} = -\int \dfrac{\mathrm{d}\cos x}{\cos x} = -\ln|\cos x|+C$。

例 7-19 求 $\int \dfrac{1}{1+\mathrm{e}^{x}}\mathrm{d}x$。

解：原 $\int \dfrac{1}{1+\mathrm{e}^{x}}\mathrm{d}x = -\int \dfrac{\mathrm{d}\mathrm{e}^{-x}}{1+\mathrm{e}^{-x}} = -\ln|1+\mathrm{e}^{-x}|+C$。

由以上例题可以看出，可利用第一类换元法计算的积分的种类很多，因此需要灵活掌握，记住一些常用的微分形式对积分的计算很有帮助。例如

(1) $\mathrm{d}x = \dfrac{1}{a}\mathrm{d}(ax) = \dfrac{1}{a}\mathrm{d}(ax+b)$

(2) $x^{n-1}\mathrm{d}x = \dfrac{1}{n}\mathrm{d}(x^n)$

(3) $\mathrm{e}^{x}\mathrm{d}x = \mathrm{d}(\mathrm{e}^{x})$

(4) $\dfrac{1}{x}\mathrm{d}x = \mathrm{d}(\ln x)$

(5) $\dfrac{1}{x^2}\mathrm{d}x = -\mathrm{d}\left(\dfrac{1}{x}\right)$

(6) $\dfrac{1}{\sqrt{x}}\mathrm{d}x = 2\mathrm{d}(\sqrt{x})$

(7) $\sin x \mathrm{d}x = -\mathrm{d}(\cos x)$

(8) $\cos x \mathrm{d}x = \mathrm{d}(\sin x)$

(9) $\dfrac{1}{\cos^2 x}\mathrm{d}x = \mathrm{d}(\tan x)$

(10) $\mathrm{d}\varphi(x) = \mathrm{d}[\varphi(x) \pm b]$

7.3.2 第二换元法

在第一类换元法中,常常把一个较复杂的积分 $\int f[\varphi(x)]\varphi'(x)\mathrm{d}x$ 化为基本积分公式的形式,进而计算出积分。但是常常还会遇到另一类问题,即积分 $\int f(x)\mathrm{d}x$ 不符合基本积分公式的形式,必须用一个新的变量 t 的函数去替换 x,即令 $x = \varphi(t)$,把积分 $\int f(x)\mathrm{d}x$ 化成可以利用基本公式进行计算的形式。这种积分方法称为**第二换元法**。

定理 7.3 如果在积分 $\int f(x)\mathrm{d}x$ 中,令 $x = \varphi(t)$,且 $\varphi(t)$ 可导,$\varphi'(t) \neq 0$,则有

$$\int f(x)\mathrm{d}x = \int f[\varphi(t)]\varphi'(t)\mathrm{d}t。$$

若上式中的右端可求出原函数 $F(t)$,则第二类换元积分公式

$$\int f(x)\mathrm{d}x = F[\varphi^{-1}(x)] + C,$$

其中 $\varphi^{-1}(x)$ 为 $x = \varphi(t)$ 的反函数,即

$$t = \varphi^{-1}(x)。$$

使用第二换元法的关键是如何选择 $x = \varphi(t)$,常用的方法如下。

1. 无理代换

当被积函数含有无理式 $\sqrt[n]{ax+b}$ 时,只需作代换 $\sqrt[n]{ax+b} = t$,就可以将无理式化为有理式,然后再求积分。

例 7-20 求 $\int \dfrac{x}{\sqrt{x+1}}\mathrm{d}x$。

解:令 $t = \sqrt{x+1}$,则 $x = t^2 - 1$,$\mathrm{d}x = 2t\mathrm{d}t$,因此

$$\int \dfrac{x}{\sqrt{x+1}}\mathrm{d}x = \int \dfrac{t^2-1}{t} \cdot 2t\mathrm{d}t = 2\int(t^2-1)\mathrm{d}t = \dfrac{2}{3}t^3 - 2t + C,$$

然后将 $t = \sqrt{x+1}$ 代回上式,可得

$$\int \dfrac{x}{\sqrt{x+1}}\mathrm{d}x = \dfrac{2}{3}t^3 - 2t + C = \dfrac{2}{3}\sqrt{(x+1)^3} - 2\sqrt{x+1} + C。$$

例 7-21 求 $\int \dfrac{1}{\sqrt{x}(1+\sqrt[3]{x})}\mathrm{d}x$。

解：令 $x=t^6$，有 $dx=6t^5 dt$，则

$$\int \frac{1}{\sqrt{x}(1+\sqrt[3]{x})} dx = \int \frac{6t^2}{1+t^2} dt = \int \left(6 - \frac{6}{1+t^2}\right) dt$$

$$= 6t - 6\arctan t + C = 6\sqrt[6]{x} - 6\arctan \sqrt[6]{x} + C。$$

2. 三角代换

如果被积函数中含有无理式 $\sqrt{a^2-x^2}$，可令 $x=a\sin t$；如果被积函数中含有无理式 $\sqrt{x^2-a^2}$，可令 $x=a\sec t$；如果被积函数中含有无理式 $\sqrt{x^2+a^2}$ 时，可令 $x=a\tan t$；将无理式化为有理式，然后再求积分。

例 7-22 求 $\int \sqrt{1-x^2} dx$。

解：作三角代换 $x=\sin t$，有 $dx=\cos t dt$，则

$$\int \sqrt{1-x^2} dx = \int \sqrt{1-\sin^2 t} \cos t dt = \int \cos^2 t dt$$

$$= \frac{1}{2}\int (1+\cos 2t) dt = \frac{1}{2}t + \frac{1}{4}\sin 2t + C$$

$$= \frac{1}{2}t + \frac{1}{2}\sin t\cos t + C。$$

因为 $x=\sin t$，则 $t=\arcsin x$，$\cos t = \sqrt{1-\sin^2 t} = \sqrt{1-x^2}$，代回上式可得

$$\int \sqrt{1-x^2} dx = \frac{1}{2}\arcsin x + \frac{x}{2}\sqrt{1-x^2} + C。$$

例 7-23 求 $\int \frac{1}{x\sqrt{x^2+1}} dx$。

解：作三角代换 $x=\tan t$，有 $dx=\sec^2 t dt$，则

$$\int \frac{1}{x\sqrt{x^2+1}} dx = \int \frac{1}{\tan t \sqrt{\tan^2 t+1}} \sec^2 t dt = \int \frac{1}{\sin t} dt = \ln\left|\frac{1-\cos t}{\sin t}\right| + C。$$

因为 $x=\tan t$，由图 7-1 可得 $\cos t = \frac{1}{\sqrt{1+x^2}}$，$\sin t = \frac{x}{\sqrt{1+x^2}}$，代回上式

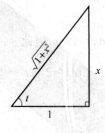

图 7-1

$$\int \frac{1}{x\sqrt{x^2+1}}\mathrm{d}x = \ln\left|\frac{1-\frac{1}{\sqrt{1+x^2}}}{\frac{x}{\sqrt{1+x^2}}}\right| + C = \ln\left|\frac{\sqrt{1+x^2}-1}{x}\right| + C_\circ$$

练习 7.3

1. 利用第一换元法计算下列不定积分。

(1) $\int (x-2)^6 \mathrm{d}x$ 　　　　(2) $\int \frac{1}{7x+3}\mathrm{d}x$

(3) $\int \frac{\mathrm{e}^x}{1+\mathrm{e}^x}\mathrm{d}x$ 　　　　(4) $\int \frac{\ln^3 x}{x}\mathrm{d}x$

(5) $\int \frac{1}{x^2}\sin\frac{1}{x}\mathrm{d}x$ 　　　　(6) $\int \frac{\cos\sqrt{x}}{\sqrt{x}}\mathrm{d}x$

2. 利用第二换元法计算下列不定积分。

(1) $\int \frac{1}{1+\sqrt{x}}\mathrm{d}x$ 　　　　(2) $\int \frac{1}{\sqrt{x}+\sqrt[3]{x}}\mathrm{d}x$

(3) $\int \frac{\sqrt{x^2-1}}{x}\mathrm{d}x$ 　　　　(4) $\int \frac{1}{\sqrt[3]{3-2x}}\mathrm{d}x$

7.4 分部积分法

换元积分法是通过换元的方法,可将不易求解的积分转化为易求解的积分。但仍有一些积分如 $\int x\mathrm{e}^x\mathrm{d}x, \int x^2\sin x\mathrm{d}x, \int \ln x\mathrm{d}x$ 等,不能用换元积分法求解,本节介绍求解这些积分的方法——**分部积分法**。

定理 7.4 设函数 $u=u(x)$、$v=v(x)$ 具有连续导数,则
$$\int uv'\mathrm{d}x = uv - \int vu'\mathrm{d}x \quad \text{或} \quad \int u\mathrm{d}v = uv - \int v\mathrm{d}u_\circ$$

证明:由函数乘积的求导公式,有
$$(uv)' = u'v + uv',$$
移项得
$$uv' = (uv)' - u'v,$$
两边积分得
$$\int uv'\mathrm{d}x = uv - \int vu'\mathrm{d}x \quad \text{或} \quad \int u\mathrm{d}v = uv - \int v\mathrm{d}u_\circ$$

即为分部积分公式。

分部积分的意义在于,当不定积分 $\int u dv$ 不易求出,而 $\int v du$ 容易求出时,则利用公式 $\int u dv = uv - \int v du$ 将起到化难为易的作用。

例 7-24 求 $\int x e^x dx$。

解:设 $u = x, dv = e^x dx = de^x$,有
$$\int x e^x dx = \int x de^x = x e^x - \int e^x dx = x e^x - e^x + C。$$

例 7-25 求 $\int x \sin 2x dx$。

解:设 $u = x, dv = \sin 2x dx = d\left(-\frac{1}{2}\cos 2x\right)$,有
$$\begin{aligned}\int x \sin 2x dx &= \int x d\left(-\frac{1}{2}\cos 2x\right) \\ &= -\frac{1}{2}x\cos 2x + \int \frac{1}{2}\cos 2x dx \\ &= -\frac{1}{2}x\cos 2x + \frac{1}{4}\sin 2x + C。\end{aligned}$$

例 7-26 求 $\int x^2 e^{-x} dx$。

解:设 $u = x^2, dv = e^{-x} dx = d(-e^{-x})$,有
$$\begin{aligned}\int x^2 e^{-x} dx &= \int x^2 d(-e^{-x}) = -x^2 e^{-x} + \int 2x e^{-x} dx \\ &= -x^2 e^{-x} - 2x e^{-x} + 2\int e^{-x} dx \\ &= -x^2 e^{-x} - 2x e^{-x} - 2 e^{-x} + C。\end{aligned}$$

例 7-27 求 $\int \sqrt{x} \ln x dx$。

解:设 $u = \ln x, dv = \sqrt{x} dx = d\left(\frac{2}{3}x^{\frac{3}{2}}\right)$,有
$$du = \frac{1}{x} dx,$$
$$\begin{aligned}\int \sqrt{x} \ln x dx &= \int \ln x d\left(\frac{2}{3}x^{\frac{3}{2}}\right) = \frac{2}{3}x^{\frac{3}{2}}\ln x - \int \frac{2}{3}x^{\frac{1}{2}} dx \\ &= \frac{2}{3}x^{\frac{3}{2}}\ln x - \frac{4}{9}x^{\frac{3}{2}} + C。\end{aligned}$$

例 7-28 求 $\int e^x \sin x dx$。

解:设 $u = \sin x$,有

$$\mathrm{d}u = \cos x \mathrm{d}x, \mathrm{d}v = \mathrm{e}^x \mathrm{d}x = \mathrm{d}\mathrm{e}^x,$$

$$\int \mathrm{e}^x \sin x \mathrm{d}x = \int \sin x \mathrm{d}\mathrm{e}^x = \mathrm{e}^x \sin x - \int \mathrm{e}^x \cos x \mathrm{d}x$$

$$= \mathrm{e}^x \sin x - \mathrm{e}^x \cos x - \int \mathrm{e}^x \sin x \mathrm{d}x。$$

将右边积分移到左边,有

$$\int \mathrm{e}^x \sin x \mathrm{d}x = \frac{1}{2} \mathrm{e}^x (\sin x - \cos x) + C。$$

练 习 7.4

利用部分积分法计算下列不定积分。

(1) $\int \ln x \mathrm{d}x$

(2) $\int x \ln x \mathrm{d}x$

(3) $\int x^2 \sin x \mathrm{d}x$

(4) $\int \ln(x^2+1) \mathrm{d}x$

(5) $\int \mathrm{e}^{\sqrt{x}} \mathrm{d}x$

(6) $\int x \mathrm{e}^{3x} \mathrm{d}x$

(7) $\int \frac{\ln x}{x^2} \mathrm{d}x$

(8) $\int (x^2+1) \mathrm{e}^{-x} \mathrm{d}x$

(9) $\int x \sin(x+1) \mathrm{d}x$

(10) $\int \mathrm{e}^x \cos x \mathrm{d}x$

习 题 7

1. 填空题

(1) 设 $f(x)$ 的一个原函数为 $\ln x$,则 $f'(x) = $ _____。

(2) 设 $\int f(x)\mathrm{d}x = \dfrac{1}{1+x^2}+C$，则 $f(x) = $ _____。

(3) $\int x f''(x)\mathrm{d}x = $ _____。

(4) $\mathrm{d}\int x\mathrm{d}f(x) = $ _____ $\mathrm{d}x$。

(5) 若 $\arctan x$ 是 $f(x)$ 的一个原函数，则 $\int x f'(x)\mathrm{d}x = $ _____。

(6) 若 $F(x) = \mathrm{e}^x \arctan x$，则 $\int F'(x)\mathrm{d}x = $ _____。

2. 单项选择题

(1) $f(x) = ($ $)$ 是 $x\sin x^2$ 的一个原函数。

A. $\dfrac{1}{2}\cos x^2$ 　　　　　　　　B. $2\cos x^2$

C. $-2\cos x^2$ 　　　　　　　　　　D. $-\dfrac{1}{2}\cos x^2$

(2) 若 $f(x) = \mathrm{e}^{-x}$，$\int \dfrac{f'(\ln x)}{x}\mathrm{d}x = ($ $)$。

A. $\dfrac{1}{x}$ 　　　　　　　　　　　　B. $-\dfrac{1}{x}$

C. $\dfrac{1}{x}+C$ 　　　　　　　　　　D. $x+C$

3. 计算下列不定积分

(1) $\int \dfrac{\cos 2x}{\cos x + \sin x}\mathrm{d}x$ 　　　　　(2) $\int \dfrac{1}{1-\sin x}\mathrm{d}x$

(3) $\int \dfrac{1}{x\sqrt{1+\ln x}}\mathrm{d}x$ 　　　　　　(4) $\int \dfrac{x}{1+x^2}\mathrm{d}x$

(5) $\int \dfrac{1}{x^2\sqrt{1-x^2}}\mathrm{d}x$ 　　　　　　(6) $\int \dfrac{1+\sin\sqrt{x}}{\sqrt{x}}\mathrm{d}x$

4. 求一个函数 $f(x)$，使其满足条件 $f'(x) = 3^x + 1$，且 $f(0) = 2$。

5. 设曲线在任一点 x 处的切线斜率为 $\dfrac{1}{\sqrt{x}}+3$，且过点 $(1,5)$，试求该曲线的方程。

6. 已知某产品产量的生产速率为 $f(t) = 50t + 200$，其中 t 为时间，求此产品在 t 时刻的产量 $p(t)$〔已知 $p(0) = 0$〕。

7. 设边际成本是 $C' = 1\,000 - 20q + q^2$，式中 q 是产品单位数，固定成本是 $9\,000$ 元，且单位售价固定在 $3\,400$ 元，试求：

(1) 成本函数、收入函数、利润函数；

(2) 销售额是多少时可得最大利润，最大利润是多少？

第 8 章　定积分及其应用

本章导读

积分学中的另一个重要的概念——定积分是解决科技与经济领域中许多实际问题的重要工具。定积分和不定积分在概念上有根本的区别,但它们又有密切的联系。本章介绍定积分的概念及性质、定积分与不定积分的关系、定积分的计算方法及积分在经济分析中的应用等内容。

本章学习的基本要求:
1. 理解定积分的概念及几何意义;
2. 掌握定积分的性质;
3. 熟练掌握牛顿-莱布尼兹公式;
4. 掌握定积分的换元积分法和分部积分法;
5. 熟悉积分在经济分析中的具体运用。

思维导图

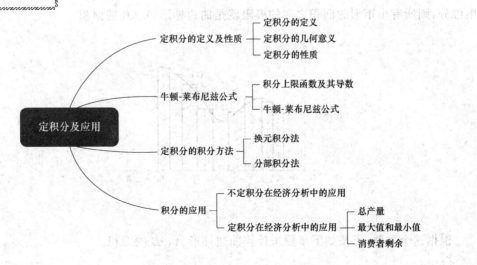

8.1 定积分的定义及性质

8.1.1 定积分的定义

首先看一个求曲边梯形的面积的实例。

见图 8-1,有平面连续曲线 $y=f(x)\geqslant 0(a\leqslant x\leqslant b)$,该曲线和 $x=a,x=b,y=0$ 四条线围成的一个平面图形 $AabB$ 是一个**曲边梯形**。由图 8-1 可见,曲边梯形的 $y=f(x)$ 的边是一条曲线,无法用熟知的规则图形的面积公式来求其面积,那么如何来求解曲边梯形的面积?

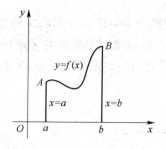

图 8-1

可以用一组垂直于 x 轴的直线将曲边梯形 $AabB$ 分割成 n 个小曲边梯形,然后对每一个小曲边梯形都作一个相应的小矩形,当分割的比较细时,小矩形的面积和小曲边梯形的面积很相近,见图 8-2。这样可以用 n 个矩形的面积之和近似地代替曲边梯形 $AabB$ 的面积。显然,分割的越细,近似程度就越好。那么,当这种分割无限加细,即把区间 $[a,b]$ 无限细分,则所有小矩形的面积之和的极限就是曲边梯形 $AabB$ 的面积。

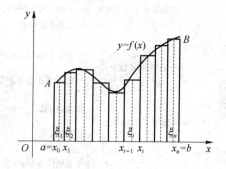

图 8-2

根据这个思路,可按如下步骤来计算曲边梯形 $AabB$ 的面积。

1. 分割

用分点 $a=x_0<x_1<x_2<\cdots<x_{n-1}<x_n=b$，将区间 $[a,b]$ 分成 n 个小区间 $[x_0,x_1]$，$[x_1,x_2]$，$\cdots$，$[x_{n-1},x_n]$，这些小区间的长度为 $\Delta x_i=x_i-x_{i-1}(i=1,2,\cdots,n)$，过各分点分别作 x 轴的垂线，将曲边梯形 $AabB$ 分成 n 个小的曲边梯形，见图 8-2，设每个小曲边梯形的面积记为 $\Delta S_i(i=1,2,\cdots,n)$，则有

$$S=\Delta S_1+\Delta S_2+\cdots+\Delta S_n=\sum_{i=1}^{n}\Delta S_i。$$

2. 取近似

在每个小区间 $[x_{i-1},x_i](i=1,2,\cdots,n)$ 上任取一点 $\xi_i(x_{i-1}\leqslant\xi_i\leqslant x_i)$，作以 $f(\xi_i)$ 为高，底边为 Δx_i 的小矩形，用此矩形的面积 $f(\xi_i)\Delta x_i$ 来近似代替相应的小曲边梯形的面积 ΔS_i，即

$$\Delta S_i\approx f(\xi_i)\Delta x_i(i=1,2,\cdots,n)。$$

3. 求和

把这 n 个小矩形的面积加起来，就得到曲边梯形面积 S 的近似值，即
$$S\approx f(\xi_1)\Delta x_1+f(\xi_2)\Delta x_2+\cdots+f(\xi_n)\Delta x_n，$$
也即
$$S\approx\sum_{i=1}^{n}f(\xi_i)\Delta x_i。$$

4. 取极限

若用 $\Delta x=\max\{\Delta x_i\}$ 表示所有区间 $\Delta x_i(i=1,2,\cdots,n)$ 中长度最大者，当分点数 n 无限增大，$\Delta x\to 0$ 时，$\sum_{i=1}^{n}f(\xi_i)\Delta x_i$ 的极限就是曲边梯形 $AabB$ 的面积，即

$$S=\lim_{\Delta x\to 0}\sum_{i=1}^{n}f(\xi_i)\Delta x_i。$$

这个实例中，把求曲边梯形面积的问题转化为求一个和式极限的问题，在实际中还有很多问题也可以采用这样的思想来求解，数学家们根据这类问题抽象出定积分的概念。

定义 8.1 设函数 $f(x)$ 在 $[a,b]$ 上有界，在 $[a,b]$ 中任意插入 $n-1$ 个分点
$$a=x_0<x_1<x_2<\cdots<x_{i-1}<x_i\cdots<x_{n-1}<x_n=b$$
将 $[a,b]$ 分成 n 个小区间
$$[x_0,x_1],[x_1,x_2],\cdots,[x_{i-1},x_i],\cdots,[x_{n-1},x_n]，$$
各小区间的长度为
$$\Delta x_1=x_1-x_0,\Delta x_2=x_2-x_1,\cdots,\Delta x_i=x_i-x_{i-1},\cdots,\Delta x_n=x_n-x_{n-1}，$$
在每个小区间 $[x_i,x_{i-1}]$ 上任取一点 $\xi_i\in\Delta x_i$，作函数值 $f(\xi_i)$ 与小区间长度 Δx_i 的乘积 $f(\xi_i)\Delta x_i(i=1,2,\cdots,n)$，并求和

$$\sum_{i=1}^{n} f(\xi_i)\Delta x_i,$$

记 $\lambda = \max\{\Delta x_1, \Delta x_2, \cdots \Delta x_n\}$，如果不论对 $[a,b]$ 怎样分法，也不论小区间 $[x_i, x_{i-1}]$ 上的点 ξ_i 怎样取法，只要当 $\lambda \to 0$ 时，$\sum_{i=1}^{n} f(\xi_i)\Delta x_i$ 总趋于确定的极限，则称这个极限为函数 $f(x)$ 在区间 $[a,b]$ 上的**定积分**，记作 $\int_a^b f(x)dx$，即

$$\int_a^b f(x)dx = \lim_{\lambda \to 0} \sum_{i=1}^{n} f(\xi_i)\Delta x_i。$$

其中 $f(x)$ 称作被积函数，$f(x)dx$ 称作被积表达式，x 称作积分变量，a 称作积分下限，b 称作积分上限，$[a,b]$ 称作积分区间。$\sum_{i=1}^{n} f(\xi_i)\Delta x_i$ 称作积分和式。

注意：

(1) 由定义可知，定积分 $\int_a^b f(x)dx$ 是一个和式，所以它是一个确定的值，它只与被积函数和积分区间有关，而与积分变量用什么字母无关，所以

$$\int_a^b f(x)dx = \int_a^b f(u)du = \int_a^b f(t)dt。$$

(2) 在定积分中，假定 $a<b$，即积分上限大于下限，如果 $a>b$，规定

$$\int_a^b f(x)dx = -\int_b^a f(x)dx,$$

即积分上下限互换后，积分值仅改变符号；当 $a=b$ 时，规定

$$\int_a^a f(x)dx = 0。$$

如果 $\sum_{i=1}^{n} f(\xi_i)\Delta x_i$ 极限存在，称 $f(x)$ 在区间 $[a,b]$ 上可积，否则说 $f(x)$ 在区间 $[a,b]$ 上不可积。函数 $f(x)$ 在区间 $[a,b]$ 上满足怎样的条件才是可积的呢？

定理 8.1 设函数 $f(x)$ 在区间 $[a,b]$ 上连续，则 $f(x)$ 在 $[a,b]$ 可积。

8.1.2 定积分的几何意义

由前面的讨论知，在 $[a,b]$ 上 $f(x) \geqslant 0$ 时，$\int_a^b f(x)dx$ 表示曲线 $y=f(x)$，两条直线 $x=a$、$x=b$ 与 x 轴所围成的曲边梯形的面积；在 $[a,b]$ 上 $f(x) \leqslant 0$ 时，则 $-f(x) \geqslant 0$，因此由曲线 $y=f(x)$，两条直线 $x=a$、$x=b$ 与 x 轴所围成的曲边梯形的面积（此时曲边梯形在 x 轴的下方）为

$$A = \lim_{\lambda \to 0} \sum_{i=1}^{n} [-f(\zeta_i)]\Delta x_i = -\lim_{\lambda \to 0} \sum_{i=1}^{n} f(\zeta_i)\Delta x_i = -\int_a^b f(x)dx,$$

因此

$$\int_a^b f(x)\mathrm{d}x = -A。$$

也就是说,当 $f(x) \leqslant 0$ 时,定积分 $\int_a^b f(x)\mathrm{d}x$ 在几何上表示曲边梯形面积的负值,见图 8-3。

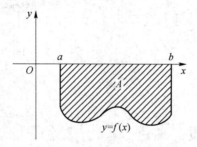

图 8-3

如果 $f(x)$ 在 $[a,b]$ 上有时取正值,有时取负值,见图 8-4,则有

$$\int_a^b f(x)\mathrm{d}x = A_1 - A_2 + A_3。$$

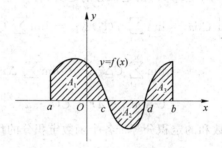

图 8-4

因此,在一般情形下,定积分 $\int_a^b f(x)\mathrm{d}x$ 的几何意义是:它表示由曲线 $y=f(x)$ 与直线 $x=a, x=b, y=0$ 所围成的曲边梯形各部分面积的代数和。

例 8-1 利用定积分的几何意义写出图 8-5 中阴影部分的面积。

(1) 图 8-5(a)中 $f(x)=2$,在 $[-4,4]$ 区间上连续,且 $f(x)>0$,根据积分的几何意义,有

$$A = \int_{-4}^{4} 2\mathrm{d}x = 2 \times 8 = 16。$$

(2) 图 8-5(b)中 $f(x)=x$,在 $[1,2]$ 区间上连续,且 $f(x)>0$,根据积分的几何意义,有

$$A = \int_1^2 x\mathrm{d}x = \frac{(1+2) \times 1}{2} = \frac{3}{2}。$$

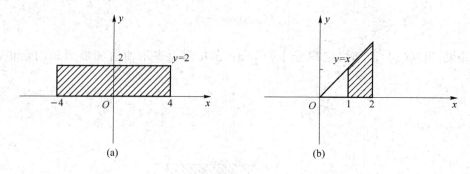

图 8-5

8.1.3 定积分的性质

在下面的讨论中,假定函数 $f(x),g(x)$ 在所讨论的区间上都是可积的。

性质 1 $\int_a^b C\mathrm{d}x = C(b-a)$ C 为常数。

证明:被积函数 $f(x) \equiv C$ 是常数,由定积分的定义,有

$$\int_a^b C\mathrm{d}x = \lim_{\lambda \to 0}\sum_{i=1}^n f(\zeta_i)\Delta x_i = \lim_{\lambda \to 0}\sum_{i=1}^n C\Delta x_i$$

$$= \lim_{\lambda \to 0}\sum_{i=1}^n C\Delta x_i = C\lim_{\lambda \to 0}\sum_{i=1}^n \Delta x_i$$

$$= C\lim_{\lambda \to 0}(b-a) = C(b-a)。$$

性质 2 两个函数代数和的定积分等于各个函数定积分的代数和,即

$$\int_a^b [f(x) \pm g(x)]\mathrm{d}x = \int_a^b f(x)\mathrm{d}x \pm \int_a^b g(x)\mathrm{d}x。$$

证明:$\int_a^b [f(x) \pm g(x)]\mathrm{d}x = \lim_{\lambda \to 0}\sum_{i=1}^n [f(\zeta_i) \pm g(\zeta_i)]\Delta x_i$

$$= \lim_{\lambda \to 0}\sum_{i=1}^n f(\zeta_i)\Delta x_i \pm \lim_{\lambda \to 0}\sum_{i=1}^n g(\zeta_i)\Delta x_i$$

$$= \int_a^b f(x)\mathrm{d}x \pm \int_a^b g(x)\mathrm{d}x。$$

性质 2 可以推广到有限多个函数的代数和的情形。

性质 3 被积函数中的常数因子可以提到积分号外面,即

$$\int_a^b kf(x)\mathrm{d}x = k\int_a^b f(x)\mathrm{d}x。$$

性质 4 (定积分对区间的可加性)对任意三个不同的常数 a,b,c,有

$$\int_a^b f(x)\mathrm{d}x = \int_a^c f(x)\mathrm{d}x + \int_c^b f(x)\mathrm{d}x。$$

性质 5 如果在区间 $[a,b]$ 上,恒有 $f(x) \leqslant g(x)$,则

$$\int_a^b f(x)dx \leqslant \int_a^b g(x)dx。$$

例 8-2 已知 $\int_0^1 x^3 dx = \dfrac{1}{4}$，$\int_0^2 x^3 dx = 4$，求 $\int_1^2 x^3 dx$。

解：根据性质 3，有

$$\int_0^2 x^3 dx = \int_0^1 x^3 dx + \int_1^2 x^3 dx,$$

移项，得

$$\int_1^2 x^3 dx = \int_0^2 x^3 dx - \int_0^1 x^3 dx = 4 - \dfrac{1}{4} = \dfrac{15}{4}。$$

练 习 8.1

1. 利用定积分的几何意义解释下列各式。

(1) $\int_0^1 x dx = \dfrac{1}{2}$ (2) $\int_{-1}^1 \sqrt{1-x^2} dx = \dfrac{\pi}{2}$

(3) $\int_0^{2\pi} \sin x dx = 0$ (4) $\int_{-\frac{\pi}{2}}^{\frac{\pi}{2}} \cos x dx = \int_0^{\frac{\pi}{2}} \cos x dx$

2. 不计算积分值，比较下列各组积分值的大小。

(1) $\int_1^2 x dx$ 和 $\int_1^2 x^2 dx$ (2) $\int_0^1 e^x dx$ 和 $\int_0^1 e^{x^2} dx$

(3) $\int_1^2 \ln x dx$ 和 $\int_1^2 (\ln x)^2 dx$ (4) $\int_0^{\frac{\pi}{2}} \sin x dx$ 和 $\int_0^{\frac{\pi}{2}} \sin^2 x dx$

3. 估计下列各积分值。

(1) $\int_1^2 (x^3+1) dx$ (2) $\int_0^2 e^{x^2-x} dx$

(3) $\int_1^2 (2x^3 - x^4) dx$ (4) $\int_e^{e^2} \ln x dx$

8.2 牛顿-莱布尼兹公式

直接利用定积分的定义计算定积分的是很烦琐的，那么有没有计算定积分的更简便的方法呢？本节通过建立不定积分和定积分的关系，得到计算定积分的简便而有效的公式——牛顿-莱布尼兹公式。

8.2.1 积分上限的函数及其导数

定义 8.2 设函数 $f(x)$ 在区间 $[a,b]$ 上连续，x 是区间 $[a,b]$ 上的任意一点，则函数 $f(x)$ 在子区间 $[a,x]$ 上也连续，所以定积分

$$\int_a^x f(x)dx$$

一定存在。注意，这里的积分上限是 x，积分变量也是 x，但它们的意义不同。由于定积分的值与积分变量的记号无关，为避免混淆，把积分变量 x 换写成 t，即有

$$\int_a^x f(t)dt,$$

当 x 在 $[a,b]$ 上变动时，它构成了一个 x 的函数，称为 $f(x)$ 的**积分上限函数**，记作 $\Phi(x)$，即

$$\Phi(x) = \int_a^x f(t)dt \quad (a \leqslant x \leqslant b)。$$

积分上限函数遵循如下定理。

定理 8.2 如果函数 $f(x)$ 在区间 $[a,b]$ 上连续，则积分上限的函数 $\Phi(x) = \int_a^x f(t)dt$ 在 $[a,b]$ 上具有导数，且导数是 $f(x)$，即

$$\Phi'(x) = \left(\int_a^x f(t)dt\right)' = f(x) \quad (a \leqslant x \leqslant b)。$$

由原函数的定义知，$\Phi(x)$ 是连续函数 $f(x)$ 的一个原函数，因此，此公式揭示了定积分与原函数之间的联系。

定理 8.3 （原函数存在定理）如果 $f(x)$ 在区间 $[a,b]$ 上连续，则积分上限的函数 $\Phi(x) = \int_a^x f(t)dt$ 为 $f(x)$ 在区间 $[a,b]$ 上的一个原函数。

例 8-3 求下列函数的导数。

(1) $\Phi(x) = \int_a^x \sin t \, dt$

解： $\Phi'(x) = \left(\int_a^x \sin t \, dt\right)' = \sin x。$

(2) $\Phi(x) = \int_x^{-1} \ln(1+t^2)dt$

解： $\Phi'(x) = \left[\int_x^{-1} \ln(1+t^2)dt\right]' = -\left[\int_{-1}^x \ln(1+t^2)dt\right]' = -\ln(1+x^2)。$

(3) $\Phi(x) = \int_0^{x^2} \sqrt{1+t^2} \, dt$

解： $\Phi'(x) = \left(\int_0^{x^2} \sqrt{1+t^2} \, dt\right)' = \sqrt{1+x^4} \cdot (x^2)' = 2x\sqrt{1+x^4}。$

(4) $\Phi(x) = \int_{2x}^{x^2} \sin t \mathrm{d}t$

解：$\Phi(x) = \int_{2x}^{x^2} \sin t \mathrm{d}t = \int_{2x}^{a} \sin t \mathrm{d}t + \int_{a}^{x^2} \sin t \mathrm{d}t = -\int_{a}^{2x} \sin t \mathrm{d}t + \int_{a}^{x^2} \sin t \mathrm{d}t,$

$$\Phi'(x) = \left(\int_{a}^{x^2} \sin t \mathrm{d}t\right)' - \left(\int_{a}^{2x} \sin t \mathrm{d}t\right)'$$
$$= (\sin x^2) \cdot (x^2)' - (\sin 2x) \cdot (2x)'$$
$$= 2x \sin x^2 - 2\sin 2x。$$

8.2.2 牛顿-莱布尼兹公式

由定理 8.2 可以得到一个重要的定理，它给出了计算定积分的公式。

定理 8.4 设函数 $f(x)$ 在区间 $[a,b]$ 上连续，且函数 $F(x)$ 是函数 $f(x)$ 在区间 $[a,b]$ 上的一个原函数，则

$$\int_{a}^{b} f(x) \mathrm{d}x = F(b) - F(a)。$$

即一个连续函数在区间 $[a,b]$ 上的定积分等于它的任一个原函数在该区间上的增量，公式称为**牛顿-莱布尼兹公式**，也称为**微积分基本公式**。

为书写方便，公式中的 $F(b) - F(a)$ 通常记为 $F(x)\big|_{a}^{b}$，因此上述公式也可以写为

$$\int_{a}^{b} f(x) \mathrm{d}x = F(x)\big|_{a}^{b}。$$

证明：已知 $F(x)$ 是函数 $f(x)$ 在区间 $[a,b]$ 上的一个原函数，而

$$\Phi(x) = \int_{a}^{x} f(t) \mathrm{d}t$$

也是函数 $f(x)$ 在区间 $[a,b]$ 上的一个原函数，故有

$$\Phi(x) = \int_{a}^{x} f(t) \mathrm{d}t = F(x) + C。$$

将 $x = a$ 代入，有

$$\Phi(a) = \int_{a}^{a} f(t) \mathrm{d}t = F(a) + C = 0,$$

即

$$C = -F(a),$$

所以有

$$\Phi(x) = \int_{a}^{x} f(t) \mathrm{d}t = F(x) - F(a)。$$

将 $x = b$ 代入，得

$$\Phi(b) = \int_{a}^{b} f(t) \mathrm{d}t = F(b) - F(a),$$

将 t 改写为 x，得

$$\int_a^b f(x)\mathrm{d}x = F(b) - F(a)。$$

定理得证。

由牛顿-莱布尼兹公式可知，求 $f(x)$ 在区间 $[a,b]$ 上的定积分，只需求出 $f(x)$ 在区间 $[a,b]$ 上的任意一个原函数 $F(x)$，并计算它在两端点处的函数值之差 $F(b)-F(a)$ 即可。

例 8-4 计算 $\int_0^1 x^2 \mathrm{d}x$。

解： $\int x^2 \mathrm{d}x = \dfrac{1}{3}x^3 + C$，

因此 $\dfrac{1}{3}x^3$ 是 x^2 的一个原函数。所以由牛顿-莱布尼兹公式，有

$$\int_0^1 x^2 \mathrm{d}x = \dfrac{1}{3}x^3 \bigg|_0^1 = \dfrac{1}{3}。$$

例 8-5 计算 $\int_{-2}^{-1} \dfrac{1}{x}\mathrm{d}x$。

解： $\int \dfrac{1}{x}\mathrm{d}x = \ln|x| + C$，

$$\int_{-2}^{-1} \dfrac{1}{x}\mathrm{d}x = \ln|x| \bigg|_{-2}^{-1} = \ln 1 - \ln 2 = -\ln 2。$$

例 8-6 计算 $\int_0^1 (x^2 - 2x + 3)\mathrm{d}x$。

解： $\int_0^1 (x^2 - 2x + 3)\mathrm{d}x = \int_0^1 x^2 \mathrm{d}x - \int_0^1 2x \mathrm{d}x + 3\int_0^1 \mathrm{d}x$

$$= \dfrac{1}{3}x^3 \bigg|_0^1 - x^2 \bigg|_0^1 + 3x \bigg|_0^1$$

$$= \dfrac{1}{3} - 1 + 3$$

$$= \dfrac{7}{3}。$$

练习 8.2

1. 求下列函数的导数。

   (1) $\dfrac{\mathrm{d}}{\mathrm{d}x}\int_1^x \dfrac{1}{1+t^2}\mathrm{d}t$　　　　(2) $\dfrac{\mathrm{d}}{\mathrm{d}x}\int_x^5 \sqrt{1+t^3}\mathrm{d}t$

   (3) $\dfrac{\mathrm{d}}{\mathrm{d}x}\int_1^{x^2} t\mathrm{e}^{-t^2}\mathrm{d}t$　　　　(4) $\dfrac{\mathrm{d}}{\mathrm{d}x}\int_{x^2}^{x^4} \dfrac{1}{1+t^2}\mathrm{d}t$

2. 计算下列定积分。

(1) $\int_0^1 x \mathrm{d}x$ (2) $\int_{-1}^1 \dfrac{1}{1+x^2}\mathrm{d}x$

(3) $\int_0^\pi (2\sin x - x)\mathrm{d}x$ (4) $\int_0^1 x\mathrm{e}^{x^2}\mathrm{d}x$

(5) $\int_3^6 (x^2+1)\mathrm{d}x$ (6) $\int_0^1 (\mathrm{e}^x-1)^4 \mathrm{e}^x \mathrm{d}x$

8.3 定积分的积分方法

8.3.1 换元积分法

定理 8.5（换元积分法） 设函数 $f(x)$ 在区间 $[a,b]$ 上连续，函数 $x=\varphi(t)$ 在区间 $[\alpha,\beta]$ 上单调且有连续的导数，当 t 从 α 变到 β 时，$x=\varphi(t)$ 在 $[a,b]$ 上变化，且有 $\varphi(\alpha)=a$，$\varphi(\beta)=b$，则有

$$\int_a^b f(x)\mathrm{d}x = \int_\alpha^\beta f[\varphi(t)]\varphi'(t)\mathrm{d}t。$$

这个定理与不定积分换元法（第二换元法）的定理类似，差别在于不定积分最后需要将变量还原，而定积分不需要作变量的还原，但要将积分限作相应的改变，即换元须换限。

例 8-7 求 $\int_1^9 \dfrac{1}{x+\sqrt{x}}\mathrm{d}x$。

解：令 $t=\sqrt{x}$，$t^2=x$，则 $\mathrm{d}x=2t\mathrm{d}t$，当 $x=1$ 时，$t=1$；当 $x=9$ 时，$t=3$。

$$\int_1^9 \dfrac{1}{x+\sqrt{x}}\mathrm{d}x = \int_1^3 \dfrac{2t}{t^2+t}\mathrm{d}t = 2\int_1^3 \dfrac{1}{t+1}\mathrm{d}t$$

$$= 2\int_1^3 \dfrac{1}{t+1}\mathrm{d}(t+1) = 2\ln(t+1)\Big|_1^3$$

$$= 2\ln 4 - 2\ln 2 = 2\ln 2。$$

例 8-8 求 $\int_0^4 \dfrac{x+2}{\sqrt{2x+1}}\mathrm{d}x$。

解：令 $t=\sqrt{2x+1}$，则 $t^2=2x+1$，从而 $x=\dfrac{1}{2}(t^2-1)$，$\mathrm{d}x=t\mathrm{d}t$，当 $x=0$ 时，$t=1$；当 $x=4$ 时，$t=3$。

$$\int_0^4 \dfrac{x+2}{\sqrt{2x+1}}\mathrm{d}x = \int_1^3 \dfrac{1}{t}\left[\dfrac{1}{2}(t^2-1)+2\right]t\mathrm{d}t$$

$$= \dfrac{1}{2}\int_1^3 (t^2+3)\mathrm{d}t = \dfrac{1}{2}\left(\dfrac{1}{3}t^3+3t\right)\Big|_1^3$$

$$= \dfrac{1}{2}\times(9+9) - \dfrac{1}{2}\times\left(\dfrac{1}{3}+3\right) = \dfrac{22}{3}。$$

例 8-9 求 $\int_0^a \sqrt{a^2-x^2}\,dx$ $(a>0)$。

解：令 $x=a\sin t$，$dx=a\cos t\,dt$，当 $x=0$ 时，$t=0$，$x=a$ 时，$t=\dfrac{\pi}{2}$，有

$$\int_0^a \sqrt{a^2-x^2}\,dx = \int_0^{\frac{\pi}{2}} a^2\cos^2 t\,dt = \dfrac{a^2}{2}\int_0^{\frac{\pi}{2}}(1+\cos 2t)\,dt$$

$$= \dfrac{a^2}{2}\left(t+\dfrac{1}{2}\sin 2t\right)\Big|_0^{\frac{\pi}{2}} = \dfrac{\pi}{4}a^2。$$

例 8-10 求 $\int_0^1 \dfrac{1}{\sqrt{(1+x^2)^3}}\,dx$。

解：令 $x=\tan t$，则 $dx=\sec^2 t\,dt$；当 $x=0$ 时，$t=0$；$x=1$ 时，$t=\dfrac{\pi}{4}$。于是

$$\int_0^1 \dfrac{1}{\sqrt{(1+x^2)^3}}\,dx = \int_0^{\frac{\pi}{4}} \dfrac{1}{\sec^3 t}\sec^2 t\,dt = \int_0^{\frac{\pi}{4}}\cos t\,dt = \sin t\Big|_0^{\frac{\pi}{4}} = \dfrac{\sqrt{2}}{2}。$$

8.3.2 分部积分法

定理 8.6（分部积分法） 设函数 $u=u(x)$，$v=v(x)$ 在区间 $[a,b]$ 上有连续的导数，则

$$\int_a^b u(x)v'(x)\,dx = u(x)v(x)\Big|_a^b - \int_a^b v(x)u'(x)\,dx,$$

或简写成

$$\int_a^b u\,dv = uv\Big|_a^b - \int_a^b v\,du。$$

例 8-11 求 $\int_1^e \ln x\,dx$。

解：$\int_1^e \ln x\,dx = x\ln x\Big|_1^e - \int_1^e x\,d\ln x = e - \int_1^e x\cdot\dfrac{1}{x}\,dx$

$$= e - x\Big|_1^e = e - e + 1 = 1。$$

例 8-12 求 $\int_0^1 xe^x\,dx$。

解：$\int_0^1 xe^x\,dx = \int_0^1 x\,de^x = xe^x\Big|_0^1 - \int_0^1 e^x\,dx = e - e^x\Big|_0^1 = e - e + 1 = 1。$

例 8-13 求 $\int_0^{\frac{\pi}{2}} x\cos x\,dx$。

解：$\int_0^{\frac{\pi}{2}} x\cos x\,dx = \int_0^{\frac{\pi}{2}} x\,d\sin x = x\sin x\Big|_0^{\frac{\pi}{2}} - \int_0^{\frac{\pi}{2}}\sin x\,dx$

$$= \dfrac{\pi}{2} + \cos x\Big|_0^{\frac{\pi}{2}} = \dfrac{\pi}{2} - 1。$$

例 8-14 求 $\int_1^e x\ln x\,dx$。

解： $\int_1^e x\ln x\,dx = \int_1^e \ln x\,d\left(\frac{1}{2}x^2\right) = \frac{1}{2}x^2\ln x\Big|_1^e - \frac{1}{2}\int_1^e x^2\,d(\ln x)$

$\qquad = \frac{1}{2}e^2 - \frac{1}{2}\int_1^e x\,dx = \frac{1}{2}e^2 - \frac{1}{4}x^2\Big|_1^e$

$\qquad = \frac{1}{2}e^2 - \frac{1}{4}e^2 + \frac{1}{4} = \frac{1}{4}(e^2+1)$。

例 8-15 求 $\int_0^{\frac{\pi}{2}} e^x \sin x\,dx$。

解： $\int_0^{\frac{\pi}{2}} e^x\sin x\,dx = -\int_0^{\frac{\pi}{2}} e^x\,d(\cos x) = -e^x\cos x\Big|_0^{\frac{\pi}{2}} + \int_0^{\frac{\pi}{2}} e^x\cos x\,dx$

$\qquad = 1 + \int_0^{\frac{\pi}{2}} e^x\,d(\sin x) = 1 + e^x\sin x\Big|_0^{\frac{\pi}{2}} - \int_0^{\frac{\pi}{2}} e^x\sin x\,dx$

$\qquad = 1 + e^{\frac{\pi}{2}} - \int_0^{\frac{\pi}{2}} e^x\sin x\,dx$,

所以

$$2\int_0^{\frac{\pi}{2}} e^x\sin x\,dx = 1 + e^{\frac{\pi}{2}},$$

即

$$\int_0^{\frac{\pi}{2}} e^x\sin x\,dx = \frac{1}{2}\left(1 + e^{\frac{\pi}{2}}\right)。$$

练 习 8.3

计算下列定积分。

(1) $\int_0^4 (1+2x)^{\frac{3}{2}}\,dx$

(2) $\int_1^5 \frac{\sqrt{x-1}}{x}\,dx$

(3) $\int_0^1 \sqrt{4-x^2}\,dx$

(4) $\int_0^{\ln 2} \sqrt{e^x-1}\,dx$

(5) $\int_e^{e^2} \frac{1}{x\ln x}\,dx$

(6) $\int_0^1 xe^{-x}\,dx$

(7) $\int_0^{\frac{\pi}{2}} x\sin x\,dx$

(8) $\int_0^{e-1} \ln(1+x)dx$

(9) $\int_0^1 e^{\sqrt{x}}dx$

(10) $\int_0^{2\pi} e^x \cos x dx$

8.4 积分在经济分析中的应用

积分在经济分析中的应用,包括定积分和不定积分在经济分析中的应用,通过变化率求各种经济总量,诸如总产量、总能耗等,求经济变量的极大值和极小值,求消费者剩余、生产者剩余等经济变量。

8.4.1 不定积分在经济学中的应用

基于导数在经济学中的应用,我们知道边际函数(包括边际成本、边际收入、边际利润等)是原函数的导数,可以通过已知边际函数求相应的经济函数。

已知边际成本 MC(或 C')、边际收入 MR(或 R')和边际利润 ML(或 L'),求产品的成本函数 $C(q)$、收入函数 $R(q)$ 和利润函数 $L(q)$。即对 $C'(q), R'(q)$ 和 $L'(q)$ 求不定积分 $\int C'(q)dq, \int R'(q)dq$ 和 $\int L'(q)dq$。

例 8-16 已知某工厂生产某产品,C 是产量 q 的成本函数 $C(q)$,另固定成本为 80 元,边际成本函数为 $C'(q)=2q+10$(元/件),求总成本函数。

解: 固定成本为 80,即 $C(0)=80$,因为边际成本 $C'(q)=2q+10$,则该产品的总成本函数为

$$C(q)=C(0)+\int C'(q)dq=C(0)+\int (2q+10)dq,$$
$$C(q)=C(0)+q^2+10q=q^2+10q+80,$$

即该厂产品的总成本函数为

$$C(q)=q^2+10q+80。$$

例 8-17 某厂商生产某产品,其产量为 q 的边际成本函数、边际收入函数分别为

$$C'(q)=40-20q+3q^2; \quad MR=R'(q)=32-10q。$$

求总利润函数。

解: 通过边际成本、边际收入与边际利润的关系 ML=MR−MC,即

$$ML=L'(q)=32-10q-(40-20q+3q^2)=10q-3q^2-8,$$

得总利润函数

$$L(q) = \int (10q - 3q^2 - 8)dq = 5q^2 - q^3 - 8q + C,$$

又因为 $L(0) = 0$,则利润函数

$$L(q) = 5q^2 - q^3 - 8q。$$

8.4.2 定积分在经济学中的应用

定积分在经济领域的应用也较广泛,其中包括通过边际函数或变化率求总量,求消费者剩余和生产者剩余,最大量和最小量等。

1. 已知变化率,求总量

实例分析

某项工程项目电能的消耗速度为 $v = te^{-t}$,其中 t 为小时,求前两个小时的能耗 E。

$$E = \int_0^2 v dt = \int_0^2 te^{-t} dt。$$

例 8-18 若某厂商生产的某产品在 t 时总产量的变化率为 $Q'(t) = 10 - 2t + 3t^2$,求从 $t = 2$ 到 $t = 5$ 的总产量。

解:设总产量为 $Q(t)$,则 $Q(t)$ 是 $Q'(t)$ 的原函数,有

$$\begin{aligned} Q(t) &= \int_2^5 (10 - 2t + 3t^2)dt \\ &= (10t - t^2 + t^3)\Big|_2^5 \\ &= 150 - 24 = 126。 \end{aligned}$$

即所求 t 由 2 至 5 的总产量为 126 个单位。

2. 求经济函数的最大值和最小值

例 8-19 设某厂商产量为 q 时的边际成本 $C'(q) = 10 + 2q$,固定成本为 100 元,产品价格为 50 元/个,假设生产的产品能够全部销售,求产量为多少时利润最大,并求出最大利润。

解:由 $C'(q)$ 得出总成本函数

$$C(q) = \int_0^q (10 + 2q)dq + C(0) = 10q + q^2 + 100,$$

总收益函数为

$$R(q) = 50q,$$

则总利润函数为

$$L(q) = R(q) - C(q) = 40q - q^2 - 100,$$
$$L'(q) = 40 - 2q,$$

令
$$L'(q)=0,$$
得
$$q=20,$$
又有
$$L''<0,$$
则产量为 20 单位时利润最大,最大利润为
$$L(20)=40\times 20-20^2-100=300 \text{ 元}。$$

3. 求消费者剩余和生产者剩余

消费者剩余是指消费者在购买商品的过程中,对商品愿意支付的价格与商品实际价格之间的差额。假定在消费者购买商品时逐个进行购买,由于商品的边际效用不断下降,那么消费者愿意支付的价格也不断下降,因此每个商品的消费者剩余都不同,此过程可以如图 8-6 所示。

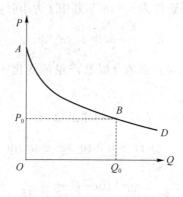

图 8-6

消费者按照统一价格购买 Q_0 个商品,只有 P_0 是消费者愿意支付的价格,则此时消费者剩余为 0,其他商品愿意支付的价格均高于 P_0,则商品总的消费者剩余为 ABP_0 这个曲边三角区域的面积。

图 8-6 中需求曲线的反函数 $P(Q)=f(P)=f^{-1}(Q)$,其中横坐标 Q 为需求量,纵坐标 P 为价格,则消费者剩余

$$CS=\int_0^{Q_0} f(Q)dQ-P_0Q_0。$$

同理,可求生产者剩余。生产者剩余是指厂商销售一定量产品实际得到的收入与其愿意得到的收入之差,厂商愿意得到的最低收入是其生产产品的边际成本,因此,一个单位产品的生产者剩余就是产品的实际价格减去边际成本,即图 8-7 所示,其中 ABP_0 曲边三角区域的面积即是生产者剩余。

基于供给函数的特点,生产者剩余为

$$CS=P_0Q_0-\int_0^{Q_0} f(Q)dQ。$$

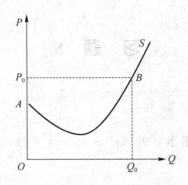

图 8-7

例 8-20 设某产品的需求函数为 $P=20-2Q^2$，如果每个产品的价格为 2 元，试计算消费者剩余。

解：已知 $P_0=2$，则 $Q_0=3$，则得消费者剩余

$$\text{CS}=\int_0^3 (20-2Q^2)\mathrm{d}Q - P_0 Q_0 = \left(20Q-\frac{2}{3}Q^3\right)\Big|_0^3 - 2\times 3 = 36 \text{ 元}。$$

练习 8.4

1. 生产某产品的边际成本函数为 $C'(q)=3q^2-14q+100$，固定成本 $C(0)=1\,000$，求产量为 q 的总成本函数。

2. 某工厂生产某产品，其边际成本函数

$$C'(q)=20, \quad \text{边际收入函数 } R'(q)=70-2q。$$

求（1）利润最大时的产量是多少。

（2）在利润最大的基础上再多生产 5 个单位，即 q 从 25 增加到 30 时总利润如何变化。

3. 设某产品的产量为 q 时的边际成本函数为

$$C'(q)=4+0.25q,$$

产量为 q 时的边际收入函数为

$$R'(q)=80-2q,$$

（1）求产量由 20 单位增加到 40 单位，总成本和总收入各增加多少？

（2）假定固定成本为 10 个单位，求总成本函数和总利润函数。

4. 设某产品的需求函数为 $Q=12-2p$，产品的价格为 5 元，求消费者剩余。

5. 设某商品的供给函数为 $P=250+3Q+0.01Q^2$，假设产品的价格为 425 元，求生产者剩余。

习 题 8

1. 填空题

(1) 设 $f(x)$ 是连续函数,若 $5x^3+40=\int_c^x f(t)\mathrm{d}t$,则 $f(x)=$ _____,$c=$ _____。

(2) 设 $\int_a^1 x^2\mathrm{d}x=1$,则 $a=$ _____。

(3) $\int_0^x tf'(t^2)\mathrm{d}t=$ _____。

(4) 设 $f(x)$ 在 $[0,1]$ 上连续,则积分 $\int_0^1 f(at)\mathrm{d}t$ 经变换 $u=at(a\neq 0)$ 后为 _____。

(5) 设 $f(x)$ 在 $[-l,l]$ 上连续,且为奇函数,$\int_0^l f(x)\mathrm{d}x=2$,则 $\int_{-l}^0 f(x)\mathrm{d}x=$ _____。

(6) 在 $[a,b]$ 上,函数 $f(x)$ 连续且 $f(x)\leqslant 0$,则由曲线 $y=f(x)$ 与直线 $x=a,x=b$ 及 x 轴所围图形的面积 S 的积分表达式为 _____,当 $a=b$ 时,$S=$ _____。

2. 单项选择题

(1) 设 $f(x)$ 在 $[a,b]$ 上连续,$x_0\in(a,b)$ 且是常数,则 $\dfrac{\mathrm{d}}{\mathrm{d}x}\int_a^{x_0}f(t)\mathrm{d}t=($)。

A. $f(x_0)$
B. 0
C. $f(x_0)-f(a)$
D. $f'(x_0)$

(2) $\int_{-8}^8 e^{\sqrt[3]{x}}\mathrm{d}x=($)。

A. 0
B. $2\int_0^8 e^{\sqrt[3]{x}}\mathrm{d}x$
C. $\int_{-2}^2 e^x\mathrm{d}x$
D. $\int_{-2}^2 3x^2 e^x\mathrm{d}x$

(3) 若 $\int_1^x \dfrac{f(t)}{t}\mathrm{d}t=x\sin x-\sin 1$,则 $f(x)=($)。

A. $x^2\sin x$
B. $x\cos x$
C. $x\sin x+x^2\cos x$
D. $\cos x+x\sin x$

3. 计算下列定积分

(1) $\int_0^2 \dfrac{\ln(1+x)}{1+x}\mathrm{d}x$

(2) $\int_0^2 \dfrac{x}{1+x^2}\mathrm{d}x$

(3) $\int_0^1 \dfrac{e^x}{1+e^x}\mathrm{d}x$

(4) $\int_0^4 \dfrac{x+2}{\sqrt{2x+1}}\mathrm{d}x$

(5) $\int_1^3 |x-2| \, dx$

(6) 设 $f(x) = \begin{cases} x, & x \geq 0, \\ e^x, & x < 0, \end{cases}$ 求 $\int_{-1}^2 f(x) \, dx$。

4. 求由曲线 $y = x^3, y = 1, x = 0$ 所围成的平面图形的面积(要画图)。

5. 已知某商品每周生产 q 个单位时,总成本变化率为 $C'(q) = 0.4q - 12$(元/单位),固定成本为 500,求总成本 $C(q)$,如果这种商品的销售单价是 20 元,求总利润 $L(q)$,并问每周生产多少单位时才能获得最大利润。

6. 某商品的总成本(万元)的变化率 $C'(q) = 1$(万元/百台),总收入(万元)的变化率为产量 q(百台)的函数 $R'(q) = 5 - q$(万元/百台)。求产量 q 为多少时,利润最大?在上述产量(使利润最大)的基础上再生产 100 台,利润将减少多少?

第 9 章　常微分方程

本章导读

在自然科学和工程技术及社会科学中,有关变量之间的函数关系往往不容易直接建立,而根据一些已知条件可以建立未知函数与其导数或微分之间的关系,这就是所谓的微分方程。本章介绍微分方程的概念及一阶微分方程的解法。

本章学习的基本要求:
1. 了解微分方程的阶、解、通解和特解的概念;
2. 熟练掌握可分离变量微分方程和一阶线性微分方程的解法。

思维导图

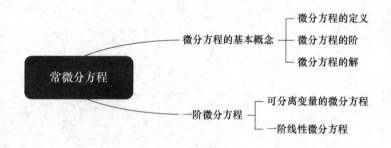

9.1 微分方程的基本概念

9.1.1 微分方程的定义

定义 9.1 含有未知函数的导数或微分的方程,称为微分方程。例如
(1) $y''+4y'-5y=e^x$;
(2) $\dfrac{dy}{dx}+xy=e^x$;
(3) $(x-y)dy+(y+2x)dx=x^2+x$;
(4) $\left(\dfrac{dy}{dx}\right)^2+2y\dfrac{dy}{dx}=\sin x$;
(5) $\dfrac{\partial^2 u}{\partial x^2}+\dfrac{\partial^2 u}{\partial y^2}=0$。

都是微分方程。

如果方程中的未知函数是一元函数,则称为常微分方程,如(1)～(4);如果方程中的未知函数是多元函数,则称为偏微分方程,如(5)。本章仅介绍常微分方程,简称微分方程或方程。

9.1.2 微分方程的阶

定义 9.2 微分方程中所含未知函数导数的最高阶数,称为微分方程的阶。如方程(2)、(3)、(4)都是一阶微分方程;(1)是二阶微分方程。

一般地,方程
$$F(x,y,y',y'',\cdots,y^{(n)})=0$$
称为 n 阶微分方程。

9.1.3 微分方程的解

定义 9.3 如果将一个函数及其导数代入方程后,使这个方程成为恒等式,则称此函数为该微分方程的解。

例 9-1 验证函数 $y=2e^{2x}$ 及 $y=C_1e^{2x}+C_2e^{-x}$(C_1,C_2 为任意常数),都是微分方程 $y''-y'-2y=0$ 的解。

解:将 $y=2e^{2x}$,$y'=4e^{2x}$,$y''=8e^{2x}$ 代入方程,得

$y'' - y' - 2y = 8e^{2x} - 4e^{2x} - 2 \times 2e^{2x} \equiv 0$,所以 $y = 2e^{2x}$ 是微分方程 $y'' - y' - 2y = 0$ 的解。

将 $y = C_1 e^{2x} + C_2 e^{-x}$,$y' = 2C_1 e^{2x} - C_2 e^{-x}$,$y'' = 4C_1 e^{2x} + C_2 e^{-x}$ 代入方程,得

$y'' - y' - 2y = 4C_1 e^{2x} + C_2 e^{-x} - 2C_1 e^{2x} + C_2 e^{-x} - 2(C_1 e^{2x} + C_2 e^{-x}) \equiv 0$,所以 $y = C_1 e^{2x} + C_2 e^{-x}$ 是微分方程 $y'' - y' - 2y = 0$ 的解。

从例 9-1 可见,由于 C_1,C_2 是任意常数,所以随着 C_1,C_2 的不同,方程 $y'' - y' - 2y = 0$ 的解将有无穷多个,而 $y = 2e^{2x}$ 只是其中的一个($C_1 = 2$,$C_2 = 0$)。

1. 微分方程的通解

如果微分方程的解中含有任意常数,而且独立的任意常数的个数等于该微分方程的阶数,则称这样的解为微分方程的**通解**。

例 9-1 中 $y = C_1 e^{2x} + C_2 e^{-x}$ 就是方程 $y'' - y' - 2y = 0$ 的通解。

2. 微分方程的特解

根据已知条件,在通解中确定了所有任意常数而得到的解叫微分方程的**特解**。通常用来确定任意常数的条件叫**初始条件**。

例 9-1 中的解 $y = 2e^{2x}$ 就是方程 $y'' - y' - 2y = 0$ 满足初始条件 $y|_{x=0} = 2$,$y'|_{x=0} = 4$ 的特解。

例 9-2 验证函数 $y = (C_1 + C_2 x)e^{2x}$(C_1,C_2 为任意常数)是方程 $y'' - 4y' + 4 = 0$ 的通解,并求出满足初始条件 $y|_{x=0} = 0$,$y'|_{x=0} = 1$ 的特解。

解:将 $y = (C_1 + C_2 x)e^{2x}$,$y' = (2C_1 + C_2 + 2C_2 x)e^{2x}$,$y'' = 4(C_1 + C_2 + C_2 x)e^{2x}$ 代入方程,得

$y'' - 4y' + 4 = 4(C_1 + C_2 + C_2 x)e^{2x} - 4(2C_1 + C_2 + 2C_2 x)e^{2x} + 4(C_1 + C_2 x)e^{2x} \equiv 0$,

即 $y = (C_1 + C_2 x)e^{2x}$ 是微分方程 $y'' - 4y' + 4 = 0$ 的解,由于它含有任意常数的个数等于方程的阶数,所以它是方程的通解。

将初始条件 $y|_{x=0} = 0$,$y'|_{x=0} = 1$ 代入通解 $y = (C_1 + C_2 x)e^{2x}$ 中,得 $(C_1 + C_2 x)e^{2x}|_{x=0} = 0$,$(2C_1 + C_2 + 2C_2 x)e^{2x}|_{x=0} = 1$,解得 $C_1 = 0$,$C_2 = 1$,所以满足初始条件的特解为 $y = xe^{2x}$。

练 习 9.1

1. 写出下列微分方程的阶数。

(1) $y(y')^2 - 3x^2 y' = x + y$ 　　　　(2) $xy'' + 5y = e^{2x}$

(3) $2x dx + 5y dy = xe^{2x}$ 　　　　(4) $\dfrac{d^2 y}{dx^2} - 4\dfrac{dy}{dx} + 4y = xe^{2x}$

(5) $\left(\dfrac{d^2 y}{dx^2}\right)^3 + 3\dfrac{dy}{dx} + 2y = xy$

2. 下列各题中函数是否是所给微分方程的解？如果是解，指出是通解还是特解。

(1) $xy' = 2y$，函数 $y = 5x^2$；

(2) $(x-2y)y' = 2x - y$，函数 $x^2 - xy + y^2 = 0$；

(3) $y'' = -\dfrac{x}{y}$，函数 $x^2 + y^2 = C(C>0)$；

(4) $y'' - 2y' + y = x$，函数 $y = (C_1 + C_2 x)e^x + x + 2$；

(5) $\dfrac{d^2 y}{dx^2} + \omega^2 y = 0$，函数 $y = C_1 \cos \omega x + C_2 \sin \omega x$。

3. 验证函数 $y = (C_1 + C_2 x)e^{2x}$ 是微分方程 $y'' - 4y' + 4 = 0$ 的通解，并求出满足初始条件 $y|_{x=0} = 0$，$y'|_{x=0} = 1$ 的特解。

9.2　一阶微分方程

一阶微分方程的一般形式是
$$F(x, y, y') = 0 \quad 或 \quad y' = f(x, y)。$$
下面我们介绍两种常见的一阶微分方程的解法。

9.2.1　可分离变量的微分方程

形如 $\dfrac{dy}{dx} = f(x)g(y)$ 的微分方程，称为可分离变量的微分方程。

解法：

(1) 分离变量，使方程一端仅含有 y 的函数和 dy，另一端仅含有 x 的函数和 dx，即
$$\frac{dy}{g(y)} = f(x)dx。$$

(2) 将上式两端积分，即
$$\int \frac{dy}{g(y)} = \int f(x)dx。$$

就得到了方程的通解。

例 9-3　求微分方程 $\dfrac{dy}{dx} = 2xy$ 的通解。

解：分离变量，得 $\dfrac{dy}{y} = 2x dx$，

两端积分，得
$$\int \frac{dy}{y} = \int 2x dx,$$

即
$$\ln|y| = x^2 + C_1,$$

所以 $|y|=e^{x^2+c_1}=e^{c_1}e^{x^2}$,

令 $C_2=e^{c_1}$,

得 $y=\pm C_2 e^{x^2}$,

取 $y=Ce^{x^2}$（C 为任意常数）为方程的通解。

例 9-4 求微分方程 $y'=e^{2x-y}$ 的通解。

解：方程可化为 $\dfrac{dy}{dx}=e^{2x}\cdot e^{-y}$,

分离变量,得 $e^y dy=e^{2x}dx$,

两端积分,得 $\int e^y dy=\int e^{2x}dx$,

即 $e^y=\dfrac{1}{2}e^{2x}+C$ 为方程的通解。

例 9-5 求微分方程 $\dfrac{dy}{dx}=1+x+y^2+xy^2$ 的通解。

解：方程可化为 $\dfrac{dy}{dx}=(1+x)(1+y^2)$,

分离变量,得 $\dfrac{dy}{1+y^2}=(1+x)dx$,

两端积分,得 $\displaystyle\int\dfrac{dy}{1+y^2}=\int(1+x)dx$,

即 $\arctan y=\dfrac{1}{2}x^2+x+C$,

所以 $y=\tan\left(\dfrac{1}{2}x^2+x+C\right)$ 为方程的通解。

例 9-6 求微分方程 $xy'-y\ln y=0$ 满足初始条件 $y|_{x=1}=e^2$ 的特解。

解：方程可化为 $x\dfrac{dy}{dx}=y\ln y$,

分离变量,得 $\dfrac{dy}{y\ln y}=\dfrac{1}{x}dx$,

两端积分,得 $\displaystyle\int\dfrac{dy}{y\ln y}=\int\dfrac{1}{x}dx$,

即 $\ln(\ln y)=\ln x+\ln C$,

$\ln y=Cx$,

所以 $y=e^{Cx}$,

将初始条件 $y|_{x=1}=e^2$ 代入上式,得

$$e^C=e^2,$$
$$C=2,$$

所以满足初始条件的特解为 $y=e^{2x}$。

例 9-7 某种商品的市场需求量 Q 是价格 P 的函数,需求弹性为 $-0.2P$。若该商品的最大需求量为 100(即 $Q|_{P=0}=100$),试求需求量 Q 与 P 的函数关系。

解:根据题意,有
$$\frac{P}{Q} \cdot \frac{dQ}{dP} = -0.2P,$$

即
$$\frac{dQ}{dP} = -0.2Q,$$

分离变量,得
$$\frac{dQ}{Q} = -0.2dP,$$

两端积分,得
$$\int \frac{dQ}{Q} = \int -0.2dP,$$

即
$$\ln|Q| = -0.2P + C,$$

则
$$Q = e^C e^{-0.2P}。$$

将初始条件 $Q|_{P=0}=100$ 代入上式,得 $e^C=100$,所以,需求量 Q 与 P 的函数关系为
$$Q = 100e^{-0.2P}。$$

9.2.2 一阶线性微分方程

形如
$$\frac{dy}{dx} + P(x)y = Q(x)$$

的方程称为一阶线性微分方程,其中 $P(x)$ 和 $Q(x)$ 是 x 的已知函数,$Q(x)$ 称为自由项。

如果 $Q(x)=0$,方程变为
$$\frac{dy}{dx} + P(x)y = 0,$$

称为一阶齐次线性方程。

如果 $Q(x) \neq 0$,方程称为一阶非齐次线性方程。

如 $\frac{dy}{dx} + \frac{y}{x} = 0$ 为一阶齐次线性微分方程;$\frac{dy}{dx} + \frac{y}{x} = \frac{\sin x}{x}$ 为一阶非齐次线性微分方程。

1. 一阶齐次线性微分方程 $y' + P(x)y = 0$ 的解法

一阶齐次线性微分方程 $y' + P(x)y = 0$ 是可分离变量的微分方程,分离变量得到
$$\frac{dy}{y} = -P(x)dx,$$

两边积分,得
$$\ln y = -\int P(x)dx + \ln C,$$

整理得
$$y = Ce^{-\int P(x)dx}$$

为齐次方程的通解。

例 9-8 求微分方程 $\dfrac{dy}{dx}+\dfrac{y}{x}=0$ 的通解。

解 1：将 $P(x)=\dfrac{1}{x}$ 代入公式得 $y=Ce^{-\int P(x)dx}=Ce^{-\int \frac{1}{x}dx}=Ce^{-\ln x}=\dfrac{C}{x}$。

解 2：直接分离变量，得
$$\dfrac{dy}{y}=-\dfrac{dx}{x},$$
两边积分，得
$$\ln y=-\ln x+\ln C,$$
整理得
$$y=\dfrac{C}{x}。$$

2. 一阶非齐次线性微分方程 $y'+P(x)y=Q(x)$ 的解法

一阶非齐次线性方程 $y'+P(x)y=Q(x)$ 的解可以通过**常数变异法**求得。

一阶非齐次线性微分方程
$$\dfrac{dy}{dx}+P(x)y=Q(x)$$
相应的齐次线性微分方程为
$$\dfrac{dy}{dx}+P(x)y=0,$$
其解为 $y=Ce^{-\int P(x)dx}$，将其中的常数 C 换成函数 $C(x)$，即设 $y=C(x)e^{-\int P(x)dx}$，把它及其导数 $y'=C'(x)e^{-\int P(x)dx}-C(x)P(x)e^{-\int P(x)dx}$ 代入非齐次方程 $\dfrac{dy}{dx}+P(x)y=Q(x)$ 中，得
$$C'(x)e^{-\int P(x)dx}-C(x)P(x)e^{-\int P(x)dx}+P(x)C(x)e^{-\int P(x)dx}=Q(x),$$
整理得
$$C'(x)=Q(x)e^{\int P(x)dx},$$
解得
$$C(x)=\int Q(x)e^{\int P(x)dx}dx+C。$$
于是，得到非齐次方程的通解公式
$$y=e^{-\int P(x)dx}\left[\int Q(x)e^{\int P(x)dx}dx+C\right]。$$

例 9-9 求微分方程 $\dfrac{dy}{dx}+\dfrac{y}{x}=\dfrac{\sin x}{x}$ 的通解。

解 1：公式法　将 $P(x)=\dfrac{1}{x}, Q(x)=\dfrac{\sin x}{x}$ 代入公式，得
$$y=e^{-\int P(x)dx}\left[\int Q(x)e^{\int P(x)dx}dx+C\right]$$
$$=e^{-\int \frac{1}{x}dx}\left[\int \dfrac{\sin x}{x}e^{\int \frac{1}{x}dx}dx+C\right]$$
$$=\dfrac{1}{x}\left[\int \dfrac{\sin x}{x}x\,dx+C\right]$$
$$=\dfrac{1}{x}(-\cos x+C)$$
$$=-\dfrac{\cos x}{x}+\dfrac{C}{x}。$$

解 2：常数变异法

先求 $\dfrac{dy}{dx}+\dfrac{y}{x}=0$ 的通解。

分离变量，得
$$\dfrac{dy}{y}=-\dfrac{dx}{x},$$

两边积分，得
$$\ln y=-\ln x+\ln C,$$

整理得
$$y=\dfrac{C}{x}。$$

设方程 $\dfrac{dy}{dx}+\dfrac{y}{x}=\dfrac{\sin x}{x}$ 有形如 $y=\dfrac{C(x)}{x}$ 的解，则
$$y'=\dfrac{C'(x)}{x}-\dfrac{C(x)}{x^2},$$

将 y, y' 代入方程 $\dfrac{dy}{dx}+\dfrac{y}{x}=\dfrac{\sin x}{x}$，得
$$\dfrac{C'(x)}{x}-\dfrac{C(x)}{x^2}+\dfrac{1}{x}\cdot\dfrac{C(x)}{x}=\dfrac{\sin x}{x}$$

整理得
$$C'(x)=\sin x,$$
$$C(x)=\int \sin x\,dx=-\cos x+C,$$

所以，方程 $\dfrac{dy}{dx}+\dfrac{y}{x}=\dfrac{\sin x}{x}$ 的通解为
$$y=\dfrac{1}{x}(-\cos x+C)=-\dfrac{\cos x}{x}+\dfrac{C}{x}。$$

例 9-10 求微分方程 $y'+\dfrac{3}{x}y=\dfrac{2}{x^3}$ 满足初始条件 $y|_{x=1}=1$ 的特解。

解：将 $P(x)=\dfrac{3}{x}$, $Q(x)=\dfrac{2}{x^3}$ 代入公式，得
$$y=e^{-\int P(x)dx}\left[\int Q(x)e^{\int P(x)dx}dx+C\right]$$
$$=e^{-\int \frac{3}{x}dx}\left[\int \dfrac{2}{x^3}e^{\int \frac{3}{x}dx}dx+C\right]$$
$$=\dfrac{1}{x^3}\left(\int \dfrac{2}{x^3}x^3\,dx+C\right)$$
$$=\dfrac{2}{x^2}+\dfrac{C}{x^3}。$$

方程的通解为
$$y=\dfrac{2}{x^2}+\dfrac{C}{x^3},$$

将初始条件 $y|_{x=1}=1$ 代入通解，得 $C=-1$，所以满足初始条件的特解为 $y=\dfrac{2}{x^2}-\dfrac{1}{x^3}$。

例 9-11 某人从银行贷款 100 万元用于购房，贷款期限为 20 年，年利率 4.8%，若每

月等额还款,求每月还款额?(为简化计算,月利率按年利率除以 12 计算,连续复利)。

解:设当前值为 $A(t)$,月还款额为 a,月利率 $r=0.004$,根据题意,有

$$\frac{\mathrm{d}A}{\mathrm{d}t}=rA-a \quad \text{或} \quad \frac{\mathrm{d}A}{\mathrm{d}t}-rA=-a(\text{一阶线性微分方程,或可分离变量的微分方程}),$$

代入公式,得

$$A = \mathrm{e}^{-\int(-r)\mathrm{d}t}\left[\int(-a)\mathrm{e}^{\int(-r)\mathrm{d}t}\mathrm{d}t + C\right]$$

$$= \frac{a}{r}+C\mathrm{e}^{rt},$$

$$A(0)=\frac{a}{r}+C,$$

$$C=A(0)-\frac{a}{r},$$

$$A=\frac{a}{r}+\left[A(0)-\frac{a}{r}\right]\mathrm{e}^{rt}。$$

根据题意,有

$$A(0)=1\,000\,000,\ A(240)=\frac{a}{r}+(A(0)-\frac{a}{r})\mathrm{e}^{240r}=0,$$

解得

$$a=\frac{rA(0)\cdot \mathrm{e}^{0.96}}{\mathrm{e}^{0.96}-1}\approx 6\,481.86。$$

即每月应还款 6 481.86 元。

练习 9.2

1. 求下列微分方程的通解。

　(1) $\dfrac{\mathrm{d}y}{\mathrm{d}x}=\dfrac{x^2}{y}$　　　　　　(2) $\dfrac{\mathrm{d}y}{\mathrm{d}x}=\dfrac{x^2}{y+x^3 y}$

　(3) $xy'+y=xy$　　　　　　(4) $y'+1=xy-x+y$

　(5) $\dfrac{\mathrm{d}y}{\mathrm{d}x}+y^2\sin x=0$　　　　　(6) $x\dfrac{\mathrm{d}y}{\mathrm{d}x}+1=\mathrm{e}^y$

　(7) $\dfrac{\mathrm{d}y}{\mathrm{d}x}+\dfrac{y}{x}-\cos x=0$　　　　(8) $\dfrac{\mathrm{d}y}{\mathrm{d}x}+3y=x\mathrm{e}^{-2x}$

　(9) $y'\cos x+y\sin x=1$　　　　(10) $(x^2+1)\dfrac{\mathrm{d}y}{\mathrm{d}x}=4x^2-2xy$

2. 求下列微分方程满足初始条件的特解。

　(1) $\dfrac{\mathrm{d}y}{\mathrm{d}x}=y,\ y|_{x=0}=2$　　　　(2) $\dfrac{x}{1+y}\mathrm{d}x-\dfrac{y}{1+x}\mathrm{d}y=0,\ y|_{x=0}=1$

　(3) $xy'+y=\sin x,\ y|_{x=\pi}=1$　　(4) $y'+\dfrac{3}{x}y=\dfrac{2}{x^3},\ y|_{x=1}=1$

3. 分别用常数变异法和公式法求微分方程 $\dfrac{dy}{dx}+2xy=x$ 的通解。

习 题 9

1. 填空题

(1) 微分方程 $y^{(4)}-(y'')^6+3y=0$ 的阶数是_____。

(2) 微分方程 $x^2y'+y^2=0$ 的阶数为_____。

(3) 微分方程 $\dfrac{d^2x}{dy^2}+xy=0$ 的阶数为_____。

(4) 微分方程 $y'+y=0$ 的通解为_____。

(5) 微分方程 $\dfrac{dy}{dx}=\dfrac{y}{x}$ 的通解为_____。

(6) 微分方程 $dy-2xdx=0$ 的通解为_____。

(7) 微分方程 $\dfrac{dy}{dx}=-\dfrac{x}{y}$ 的通解为_____。

(8) 已知微分方程 $y'+P(x)y=x\sin x$ 有一特解 $y=-x\cos x$,则此方程的通解为_____。

(9) 微分方程 $y'=2x(1+y)$ 满足 $y|_{x=0}=0$ 的特解为_____。

(10) 微分方程 $\dfrac{dy}{dx}-y=e^x$ 的通解为_____。

(11) 微分方程 $dy-2xdx=0$ 满足初始条件 $y|_{x=0}=0$ 的特解为_____。

(12) 微分方程 $\dfrac{dy}{dx}=-\dfrac{x}{y}$ 满足初始条件 $y|_{x=2}=4$ 的特解为_____。

2. 单项选择题

(1) 微分方程 $\dfrac{d^2y}{dx^2}+\left(\dfrac{dy}{dx}\right)^3+y^4+x^5=0$ 是( )阶微分方程。

A. 2 B. 3
C. 4 D. 5

(2) 微分方程 $\dfrac{dy}{dx}-x^2\sec y=0$ 的通解为( )。

A. $y=\arccos\left(\dfrac{1}{3}x^3+C\right)$ B. $y=\arccos\dfrac{1}{3}x^3+C$

C. $y=\arcsin\left(\dfrac{1}{3}x^3+C\right)$ D. $y=\arcsin\dfrac{1}{3}x^3+C$($C$ 为任意常数)

3. 下面各微分方程中为一阶线性方程的是( )。

A. $xy'+y^2=x$ B. $y'+xy=\sin x$
C. $yy'=x$ D. $(y')^2+xy=0$

4. 下面各微分方程中为变量可分离方程的是( )。

A. $x\sin(xy)dx+ydy=0$ B. $y'=\ln(x+y)$

C. $\dfrac{dy}{dx}=x\sin y$ D. $y'+\dfrac{1}{x}y=e^xy^2$

5. 一阶线性方程 $y'+p(x)y=q(x)$ 的通解公式为( )。

A. $y=Ce^{-\int p(x)dx}\left[\int q(x)e^{\int p(x)dx}dx\right]$ B. $y=e^{-\int p(x)dx}\left[\int q(x)e^{\int p(x)dx}dx\right]+C$

C. $y=e^{-\int p(x)dx}\left[\int q(x)e^{\int p(x)dx}dx\right]$ D. $y=e^{-\int p(x)dx}\left[\int q(x)e^{\int p(x)dx}dx+C\right]$

6. C 是任意常数，则微分方程 $y'=3y^{\frac{2}{3}}$ 的一个特解是( )。

A. $y=(x+2)^3$ B. $y=x^3+1$
C. $y=(x+C)^3$ D. $y=C(x+1)^3$

7. 微分方程 $y'=y^2\sec^2 x$ 的通解为( )。

A. $y=-\tan x+C$ B. $y=-\cot x+C$

C. $y=-\dfrac{1}{\cot x+C}$ D. $y=-\dfrac{1}{\tan x+C}$

8. $y'=y\left(\cos x+\dfrac{1}{x}\right)$ 的通解为( )。

A. $y=C(e^{\sin x}+x)$ B. $y=Cxe^{\sin x}$
C. $y=e^{\sin x}+x+C$ D. $y=xe^{\sin x}+C$

习题参考答案

第1章

练习1.1

1. $2\sqrt{5}$

练习1.2

1. $L1: y=2, L2: x=4$
2. $y+1=\dfrac{3}{2}(x-2)$
3. $x+y-1=0$
4. $2x+3y-14=0$
5. $(2,3)$

练习1.3

1. $(x-4)^2+(y+2)^2=4$
2. $\dfrac{x^2}{4}+\dfrac{y^2}{3}=1$
3. 顶点$(1,2)$,开口向上,$(2,1)$,开口向右

第2章

练习2.1

1. (1) 不相同,对应规则不同　(2) 相同　(3) 不相同,定义域不同　(4) 相同
2. (1) $(-\infty,+\infty)$　(2) $x\neq 0$　(3) $[-2,2]$　(4) $(0,e)\cup(e,+\infty)$
   (5) $(-\infty,+\infty)$
3. $f(-1)=-1, f(0)=1, f(1)=1, f(3)=3$

练习 2.2

1. (1) 偶函数　(2) 奇函数　(3) 非奇非偶函数　(4) 奇函数　(5) 奇函数　(6) 偶函数

2. 5

练习 2.3

1. (1) $y=\dfrac{x-1}{2}$　(2) $y=\log_3(x+1)$　(3) $y=e^{x+2}-1$　(4) $y=\dfrac{1-x}{1+x}$

2. $y=\begin{cases} x, & x<0 \\ \sqrt{x}, & x\geqslant 0 \end{cases}$

练习 2.4

1. (1) $y=\sin u, u=x^2+1$　　　　　(2) $y=e^u, u=\cos x$
   (3) $y=\lg u, u=1+2x$　　　　　(4) $y=2^u, u=v^3, v=2x+1$
   (5) $y=u^{\frac{2}{3}}, u=1+x^2$　　　　(6) $y=\sin u, u=v^{-\frac{1}{2}}, v=1+x^2$
   (7) $y=\sin u, u=\ln v, v=\tan w, w=x^2-1$

2. $1-x$

练习 2.5

1. $Q^d=350-50P$

2. $Q^s=250P-500$

3. $Q=25$

4. $C=36q-q^3+6q^2-40$

5. (1) $P_0=2, Q_0=6$　(2) $P_0=3, Q_0=10$　(3) $P_0=1, Q_0=8$

习题 2

1. (1) $(-4,-1)$ 和 $[3,4]$　(2) $[1,100]$　(3) $(-1,1)$　(4) x　(5) $-\dfrac{1}{x}$

   (6) $y=\log_2(x-2)$　(7) $y=\begin{cases} \sqrt{x}, & 0\leqslant x\leqslant 1 \\ x^2, & x>1 \end{cases}$　(8) $y=1+x^2, x\leqslant 0$　(9) 4

2. (1) D　(2) D　(3) D　(4) A　(5) C　(6) C　(7) C　(8) B
   (9) D　(10) C　(11) A　(12) D

3. (1) $4\leqslant x\leqslant 5$　(2) $y=\begin{cases} x, & x<1, \\ \sqrt{x}, & 1\leqslant x\leqslant 16, \\ \log_2 x, & x>16, \end{cases}$ 定义域为 $(-\infty,+\infty)$,

第3章

练习3.1

1. (1) 2　(2) 0　(3) 1　(4) 无极限　(5) 无极限
2. 不存在

练习3.2

(1) 0　(2) 0　(3) ∞　(4) ∞

练习3.3

(1) 1　(2) $\dfrac{3}{5}$　(3) 0　(4) ∞　(5) $\dfrac{7}{4}$　(6) $\dfrac{1}{4}$

(7) 2　(8) 2　(9) $\dfrac{3}{2}$　(10) $-\dfrac{1}{2}$　(11) 1

练习3.4

(1) 2　(2) $\dfrac{1}{5}$　(3) $\dfrac{5}{3}$　(4) -1　(5) 1

(6) e^{-1}　(7) e^2　(8) e^{-1}

习题3

1. (1) $\dfrac{5}{2}$　(2) $x \to \infty$　(3) $\dfrac{1}{2}$　(4) $-\infty$　(5) ∞　(6) 0　(7) $\dfrac{1}{2}$

2. (1) C　(2) B　(3) C　(4) A　(5) D　(6) A　(7) C　(8) C　(9) C　(10) D

3. (1) $-\dfrac{1}{2}$　(2) 1　(3) $\dfrac{1}{2}$　(4) 1　(5) $\dfrac{1}{2}$　(6) $\dfrac{4}{3}$　(7) $-\dfrac{1}{2}$

(8) 0　(9) $\dfrac{\sqrt{2}}{2}$　(10) 0　(11) $-\dfrac{1}{2}$　(12) $\dfrac{2}{3}$　(13) 3　(14) 1

第4章

练习4.1

1. 连续
2. 不连续
3. $a=2, b=2$

练习4.2

1. 连续区间$(-\infty,-3), (-3,2), (2,+\infty), \dfrac{1}{2}, -\dfrac{8}{5}, \infty$。

2. (1) 1　(2) $-\dfrac{1+e^2}{2e^2}$　(3) $\dfrac{4}{\pi}$　(4) $\dfrac{\ln(1+e)}{e}$　(5) -2

(6) 2　(7) 0　(8) 3　(9) $\arctan \dfrac{1}{2}$

习题 4

1. (1) $x=\sqrt{2}$　(2) $x=k\pi(k=0,1,2,\cdots)$　(3) 1

(4) -2　(5) $\dfrac{11}{2}$　(6) 1

2. (1) C　(2) D　(3) A　(4) A　(5) B　(6) C　(7) B　(8) C

3. (1) 9　(2) $\dfrac{1}{4}$　(3) 4,4

第 5 章

练习 5.1

1. $f'(x)=-\sin x, f'\left(\dfrac{\pi}{6}\right)=-\dfrac{1}{2}, f'\left(\dfrac{\pi}{3}\right)=-\dfrac{\sqrt{3}}{2}$

2. (1) 3,　(2) $-\dfrac{1}{x^2}$,　(3) $-4x$

3. $f'(x)=2^x \ln 2, f'(2)=4\ln 2$

4. (1) 0　(2) $6x^5$　(3) $\dfrac{1}{x\ln 10}$

5. $2y+x-3=0$

练习 5.2

1. $f'(x)=3x^2+2x$

2. $f'(x)=\dfrac{1}{x}+e^x$

3. $f'(x)=-\sin x+2^x \ln 2$

4. $f'(x)=6x^2-6x+4$

5. $f'(x)=12x^3-16^x \ln 16+2e^x$

6. $f'(x)=3e^x(\cos x-\sin x)$

7. $f'(x)=-15-24x+54x^2$

8. $f'(x)=\dfrac{1-\ln x}{x^2}$

9. $f'(x)=\dfrac{x\cos x-\sin x}{x^2}$

10. $f'(x)=\dfrac{x^2+6x-1}{(x+3)^2}$

练习 5.3

1. $f'(x)=2e^{2x}$

2. $f'(x) = e^{-2x^2+3x-1} \cdot (-4x+3)$

3. $f'(x) = 40(1+2x)^{19}$

4. $f'(x) = \dfrac{2x}{1+x^2}$

5. $f'(x) = -\dfrac{1}{\sqrt{1+x^2}}$

6. $f'(x) = \dfrac{2x+1}{(x^2+x+1)\ln a}$

7. $f'(x) = 1$

8. $f'(x) = \dfrac{\cos x - \sin x}{2\sqrt{\sin x + \cos x}}$

9. $f'(x) = -6\sin(2-3x)\cos(2-3x)$

10. $f'(x) = \dfrac{1}{3(x+1)\sqrt[3]{\ln^2(x+1)}}$

练习 5.4

1. $f''(x) = 18x + 14$

2. $f''(x) = 30(x+10)^4$

3. $f''(x) = 4 - \dfrac{1}{x^2}$

4. $f''(x) = 2^x(\ln 2)^2 - \sin x$

5. $f''(x) = 2[\ln(1+x^2)+1] + \dfrac{4x^2}{1+x^2}$

6. $f''(x) = (2-x^2)\cos x$

7. $f''(x) = e^{-x} + e^x$

8. $f''(x) = (4x^3+6x)e^{x^2}$

9. $f''(x) = -\dfrac{2}{x^2\ln 5}$

10. $f''(x) = 8[\cos^2(1+2x) - \sin^2(1+2x)]$

练习 5.5

1. 1

2. (1) $\ln|1+x| + C$ (2) $2\sqrt{x} + C$ (3) $\dfrac{1}{8}$ (4) $\dfrac{1}{3}\sin 3x + C$

3. (1) $(1+x)e^x dx$ (2) $(24x^3 + 27x^2 + 32x + 24)dx$
   (3) $[x + (x+5)\ln 5]4^x dx$ (4) $2e^x \cos x\, dx$

习题 5

1. (1) 2 (2) $y = x$ (3) 1 (4) $\dfrac{1-x}{2\sqrt{x}(1+x)^2}dx$ (5) $2e^{2x}$

2. (1) C (2) C (3) A (4) D

3. 0 和 $\dfrac{2}{3}$

4. $(\sqrt{3}, 3\sqrt{3})$ 或 $(-\sqrt{3}, -3\sqrt{3})$

5. $(1, 2)$

6. (1) $f'(x) = 3x^2 + \dfrac{7}{2} x^{\frac{5}{2}}$, $df(x) = \left(3x^2 + \dfrac{7}{2} x^{\frac{5}{2}}\right) dx$, $f''(x) = 6x + \dfrac{35}{4} x^{\frac{3}{2}}$

(2) $f'(x) = 4(e^x + e^{-x})^{-2}$, $df(x) = 4(e^x + e^{-x})^{-2} dx$, $f''(x) = 0$

(3) $f'(x) = -(\cos x + \sin x) e^{-x}$, $df(x) = -(\cos x + \sin x) e^{-x} dx$, $f''(x) = 2\sin x e^{-x}$

(4) $f'(x) = (1 - 2x \ln 2) 4^{-x}$, $df(x) = (1 - 2x \ln 2) 4^{-x} dx$, $f''(x) = (2x \ln 2 - 2\ln 2 - 1) 4^{-x}$

(5) $f'(x) = (4x + 3) e^{2x^2 + 3x + 5}$, $df(x) = (4x + 3) e^{2x^2 + 3x + 5} dx$, $f''(x) = [4 + (4x+3)^2] e^{2x^2 + 3x + 5}$

(6) $f'(x) = \dfrac{1}{2(1 - x^2)}$, $df(x) = \dfrac{dx}{2(1 - x^2)}$, $f''(x) = 4x(1 - x^2)$

(7) $f'(x) = (1 + x) e^x$, $df(x) = (1 + x) e^x dx$, $f''(x) = (2 + x) e^x$

(8) $f'(x) = \dfrac{e^{\ln(x+1)}}{x+1}$, $df(x) = \dfrac{e^{\ln(x+1)} dx}{x+1}$, $f''(x) = 0$

7. $\dfrac{1}{\sqrt{x}}, \dfrac{5}{(x+1)^2}, \dfrac{5}{(x+1)^2} - \dfrac{1}{\sqrt{x}}$

第6章

练习 6.1

1. 1   2. $\dfrac{1}{2}$ 3. 1   4. 0   5. $-\dfrac{1}{2}$ 6. ∞ 7. 2   8. 0   9. 0   10. $\dfrac{1}{2}$

练习 6.2

1. (1) $(-\infty, 0) \cup (2, +\infty)$ (2) $(-2, +\infty)$

(3) $(-\infty, 0) \cup \left(\dfrac{1}{2}, +\infty\right)$ (4) $(-\infty, -1) \cup (-1, +\infty)$

2. (1) 函数的单调递增区间为 $(-\infty, 0) \cup (2, +\infty)$，单调递减区间为 $(0, 2)$

(2) 函数的单调递增区间为 $(0, +\infty)$，单调递减区间为 $(-\infty, 0)$

(3) 函数的单调递增区间为 $\left(\dfrac{5}{2}, +\infty\right)$，单调递减区间为 $\left(-\infty, \dfrac{5}{2}\right)$

(4) 函数的单调递减区间为 $(-\infty, 0) \cup (0, +\infty)$

(5) 函数的单调递增区间为 $\left(\dfrac{1}{2},+\infty\right)$,单调递减区间为 $\left(0,\dfrac{1}{2}\right)$

(6) 函数的单调递增区间为 $(-\infty,0)$,单调递减区间为 $(0,+\infty)$

练习 6.3

1.(1) 函数的极小值为 $f(1)=-\dfrac{1}{4}$

(2) 函数的极小值为 $f(3)=-26$,函数的极大值为 $f(-1)=6$

(3) 函数的极小值为 $f(2)=12$

(4) 函数的极小值为 $f(-1)=-\dfrac{1}{2}$,函数的极大值为 $f(1)=\dfrac{1}{2}$

(5) 函数的极小值为 $f(0)=0$

(6) 函数的极小值为 $f(0)=0$,函数的极大值为 $f(2)=\dfrac{4}{e^2}$

2.(1) 最大值为 $f(2)=\ln 5$,最小值为 $f(0)=0$

(2) 最大值为 $f\left(\dfrac{3}{4}\right)=\dfrac{5}{4}$,最小值为 $f(-5)=\sqrt{6}-5$

(3) 最大值为 $f(1)=f\left(-\dfrac{1}{2}\right)=\dfrac{1}{2}$,最小值为 $f(0)=0$

(4) 最大值为 $f(-5)=e^8$,最小值为 $f(3)=1$

3. $x=-3$ 时有最小值 27

练习 6.4

1.(1) 函数的凹区间 $(2,+\infty)$,凸区间 $(-\infty,2)$,拐点 $(2,0)$

(2) 函数的凹区间 $\left(-\infty,\dfrac{1}{3}\right)$,凸区间 $\left(\dfrac{1}{3},+\infty\right)$,拐点 $\left(\dfrac{1}{3},\dfrac{2}{27}\right)$

(3) 函数的凹区间 $(-1,1)$,凸区间 $(-\infty,-1)\cup(1,+\infty)$,拐点 $(\pm 1,\ln 2)$

(4) 函数的凹区间 $(2,+\infty)$,凸区间 $(-\infty,2)$,拐点 $(2,2e^{-2})$

(5) 函数的凹区间 $(-\sqrt{3},0)\cup(\sqrt{3},+\infty)$,凸区间 $(-\infty,-\sqrt{3})\cup(0,\sqrt{3})$,拐点 $(0,0)$、$\left(\sqrt{3},\dfrac{\sqrt{3}}{2}\right)$,$\left(-\sqrt{3},-\dfrac{\sqrt{3}}{2}\right)$

(6) 函数的凹区间 $(-2,0)$,凸区间 $(-\infty,-2)\cup(0,+\infty)$,拐点 $\left(-2,-3\sqrt[3]{2}-\dfrac{3}{4}\sqrt[3]{16}\right)$,$(0,0)$

2. $a=-\dfrac{3}{2}, b=\dfrac{9}{2}$

练习 6.5

1. $MC=3q^2+4q-5$;$\overline{C}=q^2+2q-5$

2. $R(q)=400$

3. (1) $MC(q)=50+\dfrac{1}{2}q$, $MR(q)=200+q$, $ML(q)=150+\dfrac{1}{2}q$ (2) $L=175$

4. $E_S=2$

5. (1) $P=4.26$ 元 (2) $R=4.69$ 亿元 (3) 总收益下降,原因在于玉米的需求缺乏弹性

习题 6

1. (1) 6 (2) $(-\infty,0)$ (3) 0 (4) $(2,-3)$

2. (1) D (2) C (3) A (4) C

3. (1) -2 (2) 6 (3) 1 (4) 3 (5) e^{-2} (6) e^2

4. 在 $(-\infty,0),(1,+\infty)$ 内单调增,在 $(0,1)$ 内单调减,有极大值 $y(0)=0$,极小值 $y(1)=-1$

5. $y\left(-\dfrac{1}{2}\ln 2\right)=2\sqrt{2}$ 为极小值

6. 函数在 $(-\infty,-1),(3,+\infty)$ 单调增加,在 $(-1,3)$ 单调减少,当 $x=-1$ 时取得极大值 $y=5$,$x=3$ 时取得极小值 $y=-27$

7. 函数在 $(-1,0)$ 单调减少,在 $(1,+\infty)$ 单调增加,当 $x=0$ 时取得极小值 $y=0$

8. 函数在 $(-\infty,0)$ 单调减少,$(0,+\infty)$ 单调增加,当 $x=0$ 时取得极小值 $y=0$

9. 2 小时

10. 当正方形边长为 6 m 时用料最省

11. (1) 150 000 (2) 675 (3) 700

第 7 章

练习 7.1

1. (1) x^3, x^3+C (2) e^x, e^x+C
   (3) $-\cos x, -\cos x+C$ (4) x^4, x^4+C

2. (1) $\dfrac{1}{3}x^3-x$ (2) $\ln|x|$
   (3) e^{2x}

3. (1) $f(x)$ (2) $f(x)+C$
   (3) $f(x)\mathrm{d}x$ (4) $f(x)+C$

练习 7.2

1. $x^3+\dfrac{1}{2}x^2+x+C$

2. $\dfrac{2}{3}x^{\frac{3}{2}}-2x^{\frac{1}{2}}+C$

3. $x - \arctan x + C$

4. $3\tan x + 4\arcsin x + C$

5. $2\ln|x| - \dfrac{3^x}{\ln 3} - 4\cos x + C$

6. $\dfrac{2^x e^x}{1 + \ln 2}$

7. $\dfrac{1}{2}x - \dfrac{1}{2}\sin x + C$

8. $-\dfrac{1}{x} - 2\ln|x| + x + C$

9. $-2\cos x - \dfrac{1}{2}\sin x + C$

10. $2x - \dfrac{5 \cdot 2^x}{3^x(\ln 2 - \ln 3)} + C$

练习 7.3

1. (1) $\dfrac{1}{7}(x-2)^7 + C$ (2) $\dfrac{1}{7}\ln|7x+3| + C$ (3) $\ln(1+e^x)$

(4) $\dfrac{1}{4}\ln^4 x + C$ (5) $\cos\dfrac{1}{x} + C$ (6) $2\sin\sqrt{x} + C$

2. (1) $2(\sqrt{x} - \ln|1+\sqrt{x}|) + C$ (2) $2\sqrt{x} - 3\sqrt[3]{x} + 6\sqrt[6]{x} - 6\ln|\sqrt[6]{x}+1| + C$

(3) $\sqrt{x^2-1} - \arccos\dfrac{1}{x} + C$ (4) $-\dfrac{3}{4}\sqrt[3]{(3-2x)^2} + C$

练习 7.4

1. $x\ln x - x + C$

2. $\dfrac{1}{2}x^2\ln x - \dfrac{1}{4}x^2 + C$

3. $-x^2\cos x + 2x\sin x + 2\cos x + C$

4. $x\ln(x^2+1) - 2(x - \arctan x) + C$

5. $3(x^{\frac{3}{2}} - 2x^{\frac{1}{3}} + 2)e^{\sqrt[3]{x}} + C$

6. $\dfrac{1}{3}xe^{3x} - \dfrac{1}{9}e^{3x} + C$

7. $-\dfrac{1}{x}\ln x - \dfrac{1}{x} + C$

8. $-(x^2 + 2x + 3)e^{-x} + C$

9. $-x\cos(x+1) + \sin(x+1) + C$

10. $\dfrac{1}{2}e^{-x}(\sin x - \cos x) + C$

习题 7

1. (1) $\dfrac{-1}{x^2}$ (2) $\dfrac{-2x}{(1+x^2)^2}$ (3) $xf'(x)-f(x)+C$

   (4) $xf'(x)$ (5) $\dfrac{x}{1+x^2}-\arctan x+C$ (6) $e^x\arctan x+C$

2. (1) D   (2) C

3. (1) $\sin x+\cos x+c$

   (2) $\tan x+\dfrac{1}{\cos x}+c$

   (3) $\displaystyle\int\dfrac{1}{x\sqrt{1+\ln x}}dx=\int(1+\ln x)^{-\frac{1}{2}}d\ln x=2\sqrt{1+\ln x}+C$

   (4) $\displaystyle\int\dfrac{x}{1+x^2}dx=\dfrac{1}{2}\int\dfrac{dx^2}{1+x^2}=\dfrac{1}{2}\int\dfrac{d(x^2+1)}{1+x^2}=\dfrac{1}{2}\ln(1+x^2)+C$

   (5) $\displaystyle\int\dfrac{1}{x^2\sqrt{1-x^2}}dx=\int\dfrac{1}{x^3\sqrt{\dfrac{1}{x^2}-1}}dx=-\dfrac{1}{2}\int\dfrac{1}{\sqrt{\dfrac{1}{x^2}-1}}d\dfrac{1}{x^2}=-\dfrac{\sqrt{1-x^2}}{x}+C$

   (6) $\displaystyle\int\dfrac{1+\sin\sqrt{x}}{\sqrt{x}}dx=2\int(1+\sin\sqrt{x})d\sqrt{x}=2\sqrt{x}-2\cos\sqrt{x}+C$

4. $f(x)=\dfrac{3^x}{\ln 3}+x+2-\dfrac{1}{\ln 3}$

5. $f(x)=2\sqrt{x}+3x$

6. $P(t)=25t^2+200t$

7. (1) $C=1\,000q-10q^2+\dfrac{1}{3}q^3+9\,000$

   $R=3\,400q$

   $L=2\,400q+10q^2-\dfrac{1}{3}q^3-9\,000$

   (2) 当 $q=60$ 时，L 最大，最大利润是 $99\,000$ 元。

第 8 章

练习 8.1

1. 略

2. (1) $\leqslant$ (2) $\leqslant$ (3) $\leqslant$ (4) $\leqslant$

3. (1) $2\leqslant\displaystyle\int_1^2(x^3+1)dx\leqslant 9$

   (2) $2e^{-\frac{1}{4}}\leqslant\displaystyle\int_0^2 e^{x^2-x}dx\leqslant 2e^2$

(3) $0 \leqslant \int_1^2 (2x^3 - x^4) dx \leqslant \dfrac{27}{16}$

(4) $e^2 - e \leqslant \int_e^{e^2} \ln x \, dx \leqslant 2(e^2 - e)$

练习 8.2

1. (1) $\dfrac{1}{1+x^2}$ (2) $-\sqrt{1+x^3}$ (3) $2x^3 e^{-x^4}$ (4) $-\dfrac{2x}{1+x^4} + \dfrac{4x^3}{1+x^8}$

2. (1) $\dfrac{1}{2}$ (2) $\dfrac{\pi}{2}$ (3) $4 - \dfrac{1}{2}\pi^2$

(4) $\dfrac{1}{2}(e-1)$ (5) 66 (6) $\dfrac{1}{5}(e-1)^5$

练习 8.3

1. $\dfrac{27}{5}$

2. $4 - 2\arctan 2$

3. $\dfrac{\sqrt{3}}{2} + \dfrac{\pi}{3}$

4. $2 - \dfrac{\pi}{2}$

5. $\ln 2$

6. $1 - \dfrac{2}{e}$

7. 1

8. 1

9. 2

10. $\dfrac{e^{2\pi} - 1}{2}$

练习 8.4

1. $q^3 - 7q^2 + 100q + 1\,000$

2. (1) $q = 25$ 单位 (2) 总利润下降了 25 个单位

3. (1) 230; 400 (2) $C(q) = 4q + \dfrac{1}{8}q^2 + 10$; $L(q) = 76q - \dfrac{9}{8}q^2 - 10$

4. CS = 4

5. CS = 4 583.34 元

习题 8

1. (1) $15x^2, -2$ (2) $\sqrt[3]{-2}$ (3) $\dfrac{1}{2}[f(x^2) - f(0)]$

(4) $\int_0^a \frac{1}{a} f(u) du$ (5) -2 (6) $-\int_a^b f(x) dx$,   0

2. (1) B (2) D (3) C

3. (1) $\frac{1}{2}(\ln 3)^2$ (2) $\frac{1}{2}\ln 5$ (3) $\ln(1+e) - \ln 2$

(4) $\frac{22}{3}$ (5) 1   (6) $3 - e^{-1}$

4. $\frac{3}{4}$

5. 80

6. 400, 5 000

第 9 章

练习 9.1

1. (1) 一阶 (2) 二阶 (3) 一阶 (4) 二阶 (5) 二阶

2. (1) 特解；(2) 特解 (3) 不是解 (4) 通解 (5) 通解

3. $y = x e^{2x}$

练习 9.2

1. (1) $3y^2 = 2x^3 + C$ (2) $3y^2 = \ln(1+x^3)^2 + C$

(3) $\ln|xy| = x + C$ (4) $\ln|y-1| = \frac{1}{2}(1+x)^2 + C$

(5) $\frac{1}{y} + \cos x = C$ (6) $(1+Cx)e^y = 1$

(7) $y = \frac{\cos x}{x} + \sin x + \frac{C}{x}$ (8) $y = (x-1)e^{-2x} + Ce^{-3x}$

(9) $y = \sin x + C\cos x$ (10) $y = \frac{1}{1+x^2}\left(\frac{4}{3}x^3 + C\right)$

2. (1) $y = 2e^x$ (2) $3y^2 + 2y^3 - 3x^2 - 2x^3 = 5$

(3) $y = \frac{1}{x}(\pi - 1 - \cos x)$ (4) $y = \frac{2}{x^2} - \frac{1}{x^3}$

3. $y = \frac{1}{2} + Ce^{-x^2}$

习题 9

1. (1) 4 (2) 1 (3) 2 (4) $y = Ce^{-x}$ (5) $y = Cx$ (6) $y = x^2 + C$

(7) $x^2 + y^2 = 2C$ (8) $y = Cx - x\cos x$ (9) $y = e^{x^2} - 1$ (10) $y = e^x(x+C)$

(11) $y = x^2$ (12) $x^2 + y^2 = 20$

2. (1) A (2) C (3) B (4) C (5) D (6) A (7) D (8) B

参 考 文 献

[1] 龚德恩.经济数学基础 第一分册:微积分.5版.成都:四川人民出版社,2016.
[2] 李凤香 程敬松.新编经济应用数学(微积分 积分学).7版.大连:大连理工大学出版社,2018.
[3] 同济大学数学系.高等数学(上册).7版.北京:高等教育出版社,2014.
[4] 赵树嫄.微积分(经济应用数学基础(一)).4版.北京:中国人民大学出版社,2016.
[5] 谢再新.经济应用数学.2版.长沙:湖南大学出版社,2010.

参考文献

[1] 张丽娟, 李香菊. 新常态下个人所得税改革探讨[J]. 税务研究, 河南人民出版社, 2018.
[2] 焦瑞进, 付伟伟. 新税制下企业涉税风险及应对策略分析[M]. 下海: 大连: 大连理工大学出版社, 2016.
[3] 刘玉章. 税务筹划, 新税制要点解析[M]. 大连: 东北财经大学出版社, 2019.
[4] 梁俊娇, 许评. 中国税制改革问题研究[M]. 第2版. 北京: 中国人民大学出版社, 2019.
[5] 陈少克. 经济结构调整视角下的税制改革研究[M]. 北京: 经济科学出版社, 2016.